HANS H. ØRBERG

LINGVA LATINA
PER SE ILLVSTRATA

LATINE DISCO
MANUAL DE INSTRUCCIONES

DOMVS LATINA
MMIII

ABREVIATURAS

abl.	ablativo	lat.	latin
ac.	acusativo	loc.	locativo
act.	activo	m.	masculino
adj.	adjetivo	n.	neutro
adv.	adverbio	nom.	nominativo
cap.	capítulo	pág.	página
comp.	comparativo	part.	participio
cons.	consonante	pas.	pasivo
dat.	dativo	perf.	perfecto
decl.	declinación	pers.	persona
f.	femenino	plur., pl.	plural
esp.	español	prep.	preposición
gen.	genitivo	pres.	presente
imp.	imperativo	pron.	pronombre
imperf.	imperfecto	rel.	relativo
ind.	indicativo	sing., sg.	singular
indef.	indefinido	subj.	subjuntivo
inf.	infinitivo	sust.	sustantivo
interrog.	interrogativo	sup.	superlativo
l.	línea	voc.	vocativo

Part of the
LINGVA LATINA
PER SE ILLVSTRATA
series

For further information on the complete series and new titles,
visit www.hackettpublishing.com.

Lingua Latina per se illustrata Pars I
Latine Disco: Manual de instrucciones
© 2002 Hans Ørberg
Traducción española por Sor María Imelda, O.P.
Domus Latina, Skovvangen 7
DK-8500 Grenaa, Danimarca

Distributed by Hackett Publishing Co. by agreement with Domus Latina.

Focus an imprint of
Hackett Publishing Company, Inc.
P.O. Box 44937
Indianapolis, Indiana 46244-0937

www.hackettpublishing.com

ISBN 13: 978-1-58510-096-5

All rights are reserved. Printed in the United States of America

25 24 23 22   2 3 4 5 6 7 8t

LINGVA LATINA PER SE ILLVSTRATA
PARS I : FAMILIA ROMANA

INTRODUCCIÓN

LINGVA LATINA, la lengua latina.

La lengua latina, *lingua Latīna*, era la lengua de los *Latīnī*, los habitantes del *Latium*, región de la Italia central que incluía la ciudad de *Rōma*, que según la tradición, fue fundada por *Rōmulus* en 753 antes de J.-C. En los siglos siguientes, Roma extendió su dominio, *imperium Rōmānum*, a toda Italia, y desde allí al Mediterráneo occidental y oriental. En el siglo segundo después de J.-C. el emperador de Roma gobernaba la mayor parte de Europa, el África del Norte, el Próximo Oriente y el Oriente Medio. En las provincias de Europa del Oeste, *Hispānia, Gallia, Britannia, Germānia* (Alemania del sur), y en los Balkanes, por ejemplo en *Dacia* (Rumania), la lengua latina se difundió rápidamente. En Grecia y en las provincias del este, el griego conservó su posición dominante, de tal modo que los hombres de la antigüedad poseían dos lenguas universales, el griego y el latín.

el latín, la lengua del *Latium*

la lengua del *Imperio romano*

Después de la caída del Imperio romano de Occidente, el latín desapareció, como lengua de habla, en algunas de las provincias periféricas, por ej. Bretaña y África; en las otras provincias el latín hablado dio las *lenguas romances:* italiano, francés, español, portugués, catalán, rumano, etc.

las lenguas romances

Hoy día el latín no es la lengua materna de nadie. Por eso se le llama lengua 'muerta'. Sin embargo el término resulta impropio. Durante siglos el latín fue una lengua viva en el amplio Imperio romano del mismo modo que el inglés lo es hoy en el mundo angloparlante. Y esta lengua 'muerta' conoció allí tal vitalidad que durante la Edad Media siguió siendo sin rival la lengua de las clases cultas de Europa. Hasta el siglo XVIII el latín conservó su supremacía como medio de comunicación universitario. Hasta en nuestros días el latín sobrevive en la Iglesia católica romana y la mayoría de los términos científicos siguen en latín.

la lengua cultural de *Europa*

En consecuencia de ese papel del latín como lengua de cultura internacional, las lenguas nacionales europeas se han enriquecido de un número enorme de palabras latinas. Fuera de las lenguas romances, en que las palabras no latinas son una excepción, el inglés es, de lejos, la lengua que ha asimilado el mayor número de palabras latinas. De hecho, más de la mitad del vocabulario inglés viene, directamente o indirectamente, del latín.

palabras latinas en las lenguas modernas

3

Ortografía y Pronunciación

el alfabeto latino

El alfabeto latino abarca 23 letras: A B C D E F G H I K L M N O P Q R S T V X Y Z (casi nunca se usaba la K; la Y y la Z se empleaban sólo en las palabras griegas). Las letras minúsculas son un desarrollo ulterior de esas mayúsculas. Los caracteres U y W no existían: I y V representaban tanto las vocales *i* y *u* como las consonantes *j* y *v* (pronunciadas en un principio como la *y* de 'yo' y la *u* de 'luego'). Sólo en el siglo XVI se ha hecho la distinción entre *I i* y *J j* y entre *U u* y *V v*. En nuestros libros latinos nosotros distinguimos *V v* y *U u*,

IVLIVS = JULIUS

excepto en los títulos escritos con mayúsculas: CAPITVLVM, IVLIVS.

Es posible establecer con gran exactitud la pronunciación antigua del latín, gracias a los principales testimonios siguientes:

(1) La ortografía latina, sobre todo en sus variantes.

(2) La pronunciación de las lenguas romances que dan testimonio del último desarrollo del latín hablado.

(3) Los datos comunicados sobre la pronunciación por los gramáticos y demás autores latinos.

(4) La forma de las palabras latinas que se introdujeron en otras lenguas.

la pronunciación clásica

Apoyándonos en estas fuentes podemos establecer las principales reglas de la pronunciación del latín en el período clásico (1er siglo d. de J.-C.):

Vocales

vocales
breves: *a e i o u y*
largas: *ā ē ī ō ū ȳ*

Se hacía la distinción, en el oral pero no en el escrito, entre vocales largas y breves. En el curso LINGVA LATINA todas las vocales largas llevan una rayita encima: *ā, ē, ī, ō, ū, ȳ*, de modo que la ausencia de tal rayita muestra que la vocal es breve: *a, e, i, o, u, y*.

Vocales breves

a como en 'amar': *ac, amat*
e como en 'ten': *et, bene*
i como en 'hilo': *in, nimis*
o como en 'nota': *post, modo*
u como en 'puso': *num, sumus*
y como la *u* francesa en 'lune': *Syria*

Vocales largas

ā como en 'dar' en final de verso: *dā, ālā*
ē como en 'té' en final de verso: *mē, sēsē*
ī como en 'fin' en final de verso: *hīc, bīnī*
ō como en 'pon' en final de verso: *dō, dōnō*
ū como en 'tú' en final de verso: *tū, ūsū*
ȳ como la *u* francesa en 'pur': *Lȳdia*

Diptongos

diptongos
ae oe au eu ui

Un diptongo es la combinación de dos vocales en una sola sílaba. Los diptongos latinos son *ae, oe, au, eu, ui*.

ae algo como *aé* en 'aéreo': *Graecia, paene*.
oe algo como *oé* en 'poético': *foedus, poena*.
au algo como *au* en 'caucho': *aut, nauta*.
eu algo como *eu* en 'Europa': *Eurōpa, heu, heus, neu, seu*. (Pero las terminaciones -*us*, -*um*, -*unt* constituyen sílabas separadas después de la *e: de|us, me|us, e|um, e|unt, aure|us*.)
ui en *cui, huic, cuius*, como *ui* en 'buitre'.

Consonantes

b como en español: *bibit, ab*. (Pero *bs* y *bt* como *ps* y *pt* : *absunt, obtulit*).
c tenía siempre el sonido duro que tiene la *c* española en 'carta', incluso ante las vocales *e* o *i: canis, centum, circum, nec*.
ch, ph, th como *k, p, t* seguidos de una aspiración: *pulcher, amphitheātrum*.
d como en español: *dĕ, dedit, ad*.
f como en español: *forum, flūmen*.
g tenía siempre el sonido duro que tiene la *g* española en 'pagar', incluso ante la *e* y la *i: ego, gallus, gemma, agit*.
gn como en español 'signo': *signum, pugna, magnus*.
h ligeramente aspirado: *hīc, homō, nihil*.
l como en español: *lūna, gladius, male, vel*.
m como en español: *mĕ, domus, tam*. [En las terminaciones -*am*, -*em*, -*um*, la *m* tiende a desaparecer.]
n como en español: *nōn, ūnus*; antes de *c, g, q* como en 'banco': *incola, longus, quīnque*. [Antes de la *s*, tiende a desaparecer: *mēnsa, īnsula*.]
p como en español: *pĕs, populus, prope*.
ph: véase *ch*, más arriba.
qu como *cu* en 'cueva', 'cuidar', 'cuota': *quis, aqua, equus*.
r como en español: *rĕs, ōra, arbor, cūr*.
s como en español: *sĕ, rosa, is*.
t como en español: *tĕ, ita, et*.
th como la *t* española seguida de una aspiración: véase *ch*.
v como *hu* en 'hueso' (como la *w* inglesa) : *vōs, vīvus*.
x como en español (= *cs*): *ex, saxum*.
z como en inglés en 'zone': *zōna*.
i consonante como en español *y* en 'yo', antes de una vocal al principio de una palabra (o precedida por un prefijo) y entre dos vocales: *iam, iubēre, con-iungere, eius*.
u consonante como en español en 'suave', en la combinación *ngu* antes de una vocal y a veces en la combinación *su* antes de *ā* y *ē: lingua, sanguis, suādēre, suāvis, cōnsuētūdō*.

Las dobles consonantes tenían un sonido más marcado y más prolongado: *puella, annus, nummus, oppidum, littera, ecce*.

La pronunciación latina post-clásica

La pronunciación clásica del latín descrita arriba era la de los medios cultos de Roma en el primer siglo a. de J.-C. Sin embargo la pronunciación se modificó en cierta medida a lo largo del período imperial (siglos 1° a 5° d. de J.-C.). Tenemos aquí los cambios más notables :

(1) *ae* y *oe* fueron pronunciados como la *e* larga del español 'tren';
(2) *v* tomó el sonido de la *v* francesa como en 'vivant';
(3) *ph* fue pronunciada *f*, *ch* y *th* como la *c* dura (*k*) y la *t* dura, sin aspiración;
(4) *ti* seguida de una vocal tuvo el sonido silbante *tsi* (salvo después de *s, x, t*);
(5) la distinción entre las sílabas largas y breves fue oscureciéndose dado que cualquier vocal breve al fin de una sílaba acentuada fue alargada, mientras las vocales largas de las sílabas no acentuadas fueron abreviadas.
(6) Por fin la pronunciación de *c* y de *g* se modificó delante de las vocales palatales *e, i, y, ae, oe: c* se pronunció como *ch* en español (fuera de Italia *ts*), y *g*, tanto como la consonante *i*, se pronunció *dj* (como la *g* de la palabra inglesa 'gin' o *j* en 'jam').

la pronunciación italiana o eclesiástica — Los principales datos de esta pronunciación del latín post-clásico sobreviven en la pronunciación del latín todavía usado en Italia. La pronunciación 'italiana' del latín sigue ampliamente usada en la Iglesia Católica Romana y en el canto litúrgico.

División en sílabas

división en sílabas — La división en sílabas se hace casi como en español:

(1) Una consonante simple forma una sílaba con la vocal que sigue: *do-mi-nus, o-cu-lus, cu-bi-cu-lum, pe-te-re*.

(2) Si una vocal está seguida de dos o varias consonantes, la última consonante pertenece a la sílaba siguiente: *Sep-tem-ber, tem-pes-tās, pis-cis, con-iūnc-tus*. Excepción: *b, d, g, p, t, c* y *f* no se separan de una siguiente *r* o *l* (salvo a veces en la poesía): *li-brī, pa-tri-a, cas-tra, in-te-gra, tem-plum*.

Nota: los grupos de digrafía *ch, ph, th* y *qu* cuentan como consonantes simples y no se separan: *pul-cher, am-phi-the-ā-trum, a-li-quis;* y *x*, que representa dos consonantes *(cs)*, no se separa de la vocal precedente: *sax-um, dīx-it*. Los compuestos deben separarse según los componentes: *ad-est, ab-est, trāns-it*.

Acento tónico

acento tónico — En las palabras de dos sílabas el acento tónico está siempre en la primera sílaba: *'ubi, 'multī, 'valē, 'erant, 'leō*.

acento sobre la penúltima o sobre la antepenúltima — En las palabras de más de dos sílabas hay dos posibilidades: el acento cae sobre (1) la última sílaba menos una, la *penúltima*, o sobre (2) la última sílaba menos dos, la *antepenúltima*. La regla básica es la siguiente:

> La *penúltima* está acentuada excepto si está terminada por una *vocal breve*: en este caso es la *antepenúltima* la que está acentuada.

observar la penúltima! — Por consiguiente, para determinar el acento de una palabra latina, hay que observar la *penúltima:*

La *penúltima* está *acentuada* si se termina
(a) por una *vocal larga* o un *diptongo (ā ē ī ō ū ȳ ae oe au eu)*: *La'tīna, vi'dēre, a'mīca, ō'rātor, Rō'mānus, per'sōna, a'moena;*
(b) por una *consonante*: *se'cunda, vī'gintī, lī'bertās, co'lumna, ma'gister*.

Si la penúltima se termina
(c) por una *vocal breve (a e i o u y)*, el acento está sobre la sílaba precedente, la *antepenúltima:* *'īnsula, 'fēmina, 'oppidum, 'patria, 'improbus, dī'videre, in'terrogat, ō'ceanus, 'persequī, 'cerebrum*.

LINGVA LATINA, el curso de latín

El curso de latín LINGVA LATINA PER SE ILLVSTRATA ('La lengua latina ilustrada por sí misma') se compone de dos partes, PARS I y II, con un índice común, INDICES. La primera parte, FAMILIA ROMANA, es el curso elemental. Los 35 capítulos constituyen una serie de escenas de la vida de una familia romana del siglo segundo después de J.-C. El libro está escrito totalmente en latín, pero desde el principio hasta el fin el texto está graduado de manera que cada frase sea inteligible en sí misma, *per sē*, porque la significación de todas las palabras nuevas y la función de las formas gramaticales se destacan sin equívoco del contexto, o, si es necesario, de las *ilustraciones* o de las *notas marginales* que acompañan el texto. Así no se necesita consultar un léxico, analizar o traducir para entender la lengua. El vocabulario tanto como la gramática se aprenden por la observación de gran número de ejemplos obvios que forman parte del texto seguido.

LINGVA LATINA
PER SE ILLVSTRATA
I. FAMILIA ROMANA

Las *ilustraciones* sirven no sólo para explicar las palabras que designan las cosas concretas, sino también para ilustrar unos incidentes y situaciones. Las estampas siguen escrupulosamente modelos antiguos: las prendas de vestir, las casas, el mobiliario etc. han sido reconstituidos según los datos que nos proporcionan los testimonios arqueológicos.

las ilustraciones

En las *notas marginales* los signos siguientes están utilizados:

las notas marginales
signos:

(1) el signo de igualdad [=], entre *sinónimos*, palabras que tienen más o menos la misma significación: *-que = et;*

[=] 'lo mismo que'
[↔] 'lo contrario de'
[:] 'es decir', 'aquí'
[<] 'derivado de'

(2) el signo de oposición [↔], entre *antónimos*, palabras que tienen significaciones contrarias: *sine* ↔ *cum;*

(3) el signo dos puntos [:], para dar la significación de una palabra en un contexto dado: *eam : Iūliam;*

(4) el signo de derivación [<], para mostrar de qué palabra ya conocida está derivada una nueva palabra: *amor < amāre*.

El texto de cada capítulo está dividido en dos o tres *lecciones (lēctiōnēs)* señaladas por las cifras romanas *I, II, III* en margen) y seguido de una sección gramatical, GRAMMATICA LATINA. En esta sección nuevos temas gramaticales, que acabas de encontrar y de asimilar en el texto, se toman de nuevo y se ilustran con ejemplos dispuestos en orden sistemático según la terminología gramatical latina. Una tabla de las flexiones se halla en las páginas 307-311. Una morfología más detallada ha sido publicada aparte.

lēctiōnēs: I, II, III

GRAMMATICA LATINA
sección grammatical

Los tres *ejercicios*, PENSVM A, B y C, al fin de cada capítulo tienen como fin el asegurar la asimilación de la gramática y del vocabulario y la comprensión del texto. El PENSVM A es un ejercicio gramatical en que debes añadir a las diferentes palabras las *terminaciones* que convienen. En el PENSVM B se trata de llenar los huecos con unas *palabras* que han sido introducidas en el capítulo (en el margen al lado del ejercicio encontrarás una lista de las palabras nuevas). El PENSVM C es una serie de preguntas sobre el contenido del texto a las que has de contestar con breves *frases* latinas.

los ejercicios (PENSA)
A: terminaciones
B: palabras
C: frases

En la progresión de tu lectura de vez en cuando encontrarás unas palabras cuyo sentido se te ha olvidado. Cabe entonces consultar el INDEX VOCABV-LORVM al fin del volumen. Encontrarás allí la palabra acompañada de una referencia precisa al capítulo (cifras en negrilla) y a la línea del capítulo donde la palabra aparece por primera vez. Las más de las veces te bastará con volver a leer el pasaje en que se encuentra dicha palabra para refrescarte la memoria. De modo igual, el INDEX GRAMMATICVS (páginas 326-327) remite a

INDEX VOCABVLORVM

INDEX GRAMMATICVS

	la presentación de las formas gramaticales. La lista de FORMAE MVTATAE ('Formas cambiadas', p. 328) remite a la forma primitiva de la palabra cuando un cambio del radical lo requiere.
vocabulario latino-español	Los alumnos que tienen dudas sobre su capacidad de determinar el sentido preciso de cada palabra nueva pueden conseguir un *Vocabulario latino-español*. Pero este vocabulario no es más que un medio de control. Al alumno trabajador no le hará falta.
3 suplementos:	Hay tres suplementos del curso elemental:
COLLOQVIA PERSONARVM	(1) COLLOQVIA PERSONARVM, una colección de textos suplementarios, en forma de diálogos. La lengua de los 24 *colloquia* está adaptada, en el vocabulario y en la gramática, a la de los capítulos 1 a 24.
EXERCITIA LATINA	(2) EXERCITIA LATINA, un conjunto detallado de ejercicios suplementarios para cada una de las 133 *lēctiōnēs* del libro.
GRAMMATICA LATINA	(3) GRAMMATICA LATINA, morfología latina.

LINGVA LATINA II : ROMA AETERNA

LINGVA LATINA PER SE ILLVSTRATA II. ROMA AETERNA	La segunda parte de LINGVA LATINA, que lleva el subtítulo ROMA AETERNA ('Roma eterna'), es el curso de perfeccionamiento, que puede estudiarse a continuación de FAMILIA ROMANA. La sustancia del libro es la historia romana tal como nos la cuentan los escritores romanos: Virgilio, Ovidio, Tito Livio, Salusto, Nepos, Cicerón, etc. Como en la primera parte, cada capítulo está seguido de tres PENSA, que sirven para recapitular y ensanchar los conocimientos gramaticales y lexicales.
INDICES	El volumen INDICES comprende una lista cronológica de cónsules y dictadores romanos y de sus triunfos, FASTI CONSVLARES y FASTI TRIVMPHALES, un repertorio de nombres, INDEX NOMINVM, y un léxico, INDEX VOCABVLORVM, que reúne todas las palabras que se encuentran en las dos partes.
Plauto: *Anfitrión*	Para los alumnos que prefieren la comedia a la historia hemos publicado una edición especial del *Anfitrión* de Plauto, un poco abreviada pero fiel, con introducción, notas marginales, explicaciones gramaticales y métricas, y léxico preparado de manera que el alumno que acabó FAMILIA ROMANA pudiera leer esta famosa comedia en el texto original. Hay además una edición ilustrada de la *Cēna Trimalchiōnis*, relato muy divertido hecho por Petronio de la cena extravagante ofrecida por Trimalción a sus amigos, y anotado de tal modo que pueda ser leído por estudiantes que hayan alcanzado la mitad de ROMA AETERNA.
Petronio: *Cena Trimalchionis*	

las *Instrucciones*	Las *Instrucciones* siguientes proporcionan informaciones sobre las nociones claves que se pueden observar en cada capítulo de FAMILIA ROMANA. Sería provechoso prescindir de la lectura de esas instrucciones mientras no hubieras leído dicho capítulo. Pues el texto latín está previsto para ejercerte a hacer tus propias observaciones lingüísticas. Las explicaciones dadas en las instrucciones están destinadas a atraer tu atención sobre hechos ya asimilados y a formular unas reglas de gramática que has visto ilustradas por muchos ejemplos a lo largo del texto. Las instrucciones te enseñan también la terminología gramatical internacional, que está derivada del latín.

Las *Instrucciones* para la parte IIª están publicadas en un volumen separado.

LINGVA LATINA PER SE ILLVSTRATA
PARS I : FAMILIA ROMANA

INSTRUCCIONES

Capítulo 1

En el primer capítulo, te hacemos volver unos 2000 años atrás en el pasado, en la época en que el Imperio romano estaba en el apogeo de su poder, extendiéndose desde el océano Atlántico hasta el mar Caspio y desde Escocia hasta el Sahará. Te proporcionamos algunos datos geográficos como plano de fondo de las escenas de vida de la Roma antigua que van a seguir.

el Imperio romano

En el mapa del Imperio romano que está en frente de la primera página encontrarás todos los nombres geográficos que aparecen en el capítulo. Tras identificar los nombres de *Rōma, Italia, Eurōpa, Graecia* etc. entenderás lo que se dice de la situación de la ciudad de *Rōma* en la primera frase: *Rōma in Italiā est,* y lo que se dice de *Italia* y *Graecia* en las dos siguientes: *Italia in Eurōpā est. Graecia in Eurōpā est.* Es lo que se repite de nuevo en una frase única: *Italia et Graecia in Eurōpā sunt.* La significación de *et* habría de ser perfectamente clara pero puedes decir ¿por qué hay ahora *sunt* en vez de *est*? Si no, mira en el margen, y lee también las dos frases siguientes. ¿Has descubierto cuándo se usa *est* y cuándo se usa *sunt*? En tal caso, te has aprendido la primera regla de gramática. Irás aprendiendo el conjunto de la gramática latina de este modo – es decir sacando las reglas gramaticales de tu propia observación del texto.

et ('.....')

¿Has notado también la ligera diferencia entre *Italia* e *Italiā*, y qué palabra produce la *ā* larga? Esto está indicado en la primera nota marginal.

Italia
in Italiā

Otro punto de notar: *est* y *sunt* se encuentran al fin de la frase; pero verás que no siempre es así; *Rōma est in Italiā* es perfectamente correcto: el orden de las palabras es menos rígido en latín que en español.

orden de las palabras libre

¿Es realmente posible, preguntarás, entenderlo todo con sólo leer el texto? Por cierto, con tal que concentres tu atención sobre el sentido y el contenido de lo que lees. Basta con saber dónde está *Aegyptus* para entender la expresión *Aegyptus in Eurōpā nōn est, Aegyptus in Áfricā est.* No puede haber duda en cuanto al sentido de *nōn* (llamado negación). Pero a menudo una frase no se entiende más que en su relación con otras frases. En la frase *Hispānia quoque in Eurōpā est* no entenderás *quoque* sino al leer en el contexto: *Italia et Graecia in Eurōpā sunt. Hispānia quoque in Eurōpā est.* (Las dos frases precedentes hubieran podido ser: *Italia in Eurōpā est. Graecia quoque in Eurōpā est*). Si te queda todavía una duda, conténtate con leer hasta que el término vuelva a aparecer : *Syria nōn est in Eurōpā, sed in Asiā. Arabia quoque in Asiā est.* Ahora entiendes seguramente *quoque* – y al mismo tiempo has aprendido la palabra *sed* casi sin notarlo.

la negación *nōn* ('.......')

quoque ('................')

sed ('............')

En el párrafo siguiente se hacen algunas preguntas, y cada pregunta está seguida por una respuesta. Muchas veces es necesario leer la respuesta antes de estar perfectamente seguro del sentido de la pregunta. La primera pregunta es: *Estne Gallia in Eurōpā?* El *-ne* enclítico, atado a *est*, señala que la frase es una pregunta (nuestro punto de interrogación era desconocido de los antiguos romanos). La respuesta es: *Gallia in Eurōpā est.* La pregunta siguiente *Estne Rōma in Galliā?* tiene una respuesta negativa: *Rōma in Galliā nōn est.* (El

-ne... ? (pregunta)

9

ubi ('............')	latín no tiene palabras aisladas para 'sí' o 'no'; la frase – o parte de la frase – debe ser repetida con o sin *nōn*.) En la pregunta <u>Ubi</u> *est Rōma?* la palabra *ubi* sólo se comprende cuando tienes la respuesta: *Rōma est <u>in Italiā</u>.*
fluvius ('.........') *īnsula* ('.........') *oppidum* ('............')	Después de un breve examen de la ubicación de las principales provincias romanas, te hablan de diversos lugares: *Rhēnus* y *Nīlus, Corsica* y *Sardinia, Tūsculum* y *Brundisium.* Encontrarás estos nombres en el mapa, y el texto te dirá lo que representan. Si te quedan dudas en cuanto al sentido de las palabras *fluvius, īnsula* y *oppidum,* vuelve a la estampa que encabeza el capítulo.
<u>singular</u> <u>plural</u> *fluvi<u>us</u>* *fluvi<u>ī</u>* *īnsul<u>a</u>* *īnsul<u>ae</u>* *oppid<u>um</u>* *oppid<u>a</u>*	Nota que estas palabras aparecen bajo dos formas distintas: sólo *Nīlus* es llamado *fluvi<u>us</u>,* pero *Nīlus* y *Rhēnus* juntos son llamados *fluvi<u>ī</u>.* Verás la alternancia análoga entre las formas *īnsul<u>a</u>* e *īnsul<u>ae</u>, oppid<u>um</u>* y *oppid<u>a</u>.* En la sección GRAMMATICA LATINA te enterarás de que las formas *fluvi<u>us</u>, īnsul<u>a</u>* y *oppid<u>um</u>* son llamadas *singulāris,* mientras que *fluvi<u>ī</u>, īnsul<u>ae</u>* y *oppid<u>a</u>* son llamadas *plūrālis* – en español <u>singular</u> y <u>plural</u>.

magnus ('.........')
parvus ('.........')
sing. *fluvi<u>us</u> magn<u>us</u>*
     īnsul<u>a</u> magn<u>a</u>
     oppid<u>um</u> magn<u>um</u>
plur. *fluvi<u>ī</u> magn<u>ī</u>*
     īnsul<u>ae</u> magn<u>ae</u>
     oppid<u>a</u> magn<u>a</u>
	Conforme adelantes tu lectura verás que *Nīlus* es citado no sólo como *fluvius* sino como *fluvius <u>magnus</u>,* a diferencia de *Tiberis* que es descrito como *fluvius <u>parvus</u>.* Del mismo modo, *Sicilia* es citada como *īnsula <u>magna</u>* al contrario de *Melita* (la actual Malta) que es llamada *īnsula <u>parva</u>.* En el margen *magnus* y *parvus* son representados como <u>contrarios</u> (signo [↔] 'lo contrario de'); esto te ayudará a entender el sentido de las palabras, pero nota los cambios de terminación. Unos ejemplos suplementarios son propuestos cuando *Brundisium* es llamada *oppidum magn<u>um</u>* y *Tūsculum oppidum parv<u>um</u>* y cuando las mismas palabras aparecen en plural: *fluviī magnī, īnsulae magn<u>ae</u>, oppida magna.*

<u>sustantivos</u>: *fluvius, īnsula, oppidum,* etc. <u>adjetivos</u>: *magnus -a -um* *parvus -a -um* *multī -ae -a* etc.	Una palabra que presenta esta variación entre las terminaciones *-us, -a, -um* en singular e *-ī, -ae, -a* en plural se llama <u>adjetivo</u> (lat. *adjectīvum,* 'palabra añadida') porque se añade a un <u>sustantivo</u> al que califica. Otros sustantivos en este capítulo son: *prōvincia, imperium, numerus, littera, vocābulum, exemplum.* Los adjetivos son, además de *magnus -a -um* y *parvus -a -um,* por ej. *Graecus -a -um, Rōmānus -a -um, Latīnus -a -um, prīmus -a -um* y en plural *multī -ae -a* y *paucī -ae -a.* Las terminaciones de los adjetivos dependen de los sustantivos que califican.
pregunta: *num*...? respuesta: ... *nōn* ...	La pregunta <u>Num</u> *Crēta oppidum est?* (l. 49) llama desde luego la respuesta negativa: *Crēta oppidum <u>nōn</u> est. Num* es una partícula <u>interrogativa</u>, tanto como *-ne,* pero una pregunta introducida por *num* implica una respuesta negativa. La pregunta siguiente es <u>*Quid*</u> *est Crēta?* Aquí también sólo la respuesta *Crēta <u>īnsula</u> est* hace perfectamente claro el sentido de la pregunta.
quid? ('.........')	Hemos visto una terminación *-a* transformada en *-ā* después de *in.* Vemos ahora que *in* provoca también el cambio de *-um* en *-ō: in imperi<u>ō</u> Rōmān<u>ō</u>; in vocābul<u>ō</u>; in capitul<u>ō</u> prīm<u>ō</u>* (l. 58, 72, 73). Estas formas en *-ā* y *-ō* están tratadas en el cap. 5.
imperi<u>um</u> Rōmān<u>um</u> <u>*in*</u> *imperi<u>ō</u> Rōmān<u>ō</u>*	
CIC = M = *mīlle* (1000)	Como signo numérico para *mīlle,* mil, los romanos tomaron la letra griega Φ (ph), que se volvió CIC (l. 64) y más tarde se cambió en M bajo la influencia de MILLE.

El latín es una lengua concisa. Puede a menudo decir en pocas palabras lo que pide más palabras en las otras lenguas. Una de las razones de esto es que el latín posee menos partículas (palabritas invariables) que la mayor parte de las lenguas modernas: así no encontrarás nada que corresponda con los artículos del español 'un' y 'el' como en 'un río", 'el río', etc.

Capítulo 2

Te presentamos ahora a la gente cuya vida cotidiana vas a leer. La estampa los muestra vestidos con sus más hermosas prendas, excepto las personas que están relegadas al margen – está claro que éstas no tienen el mismo estatuto que el resto de la familia. Asegúrate de que te fijaste en la memoria sus nombres, ya que estarás pronto tan familiarizado con estas personas que te sentirás como un amigo que viene a visitar a una verdadera familia romana de hace 2000 años. ¡Y lo más extraordinario es que puedes entender su idioma!

Nota que los nombres de esas personas se terminan ora por *-us* ora por *-a*, pero nunca por *-um*. Verás que la terminación *-us* caracteriza a las personas de sexo masculino (*Iūlius, Mārcus, Quīntus, Dāvus, Mēdus*) y la terminación *-a* a las personas de sexo femenino (*Aemilia, Iūlia, Syra, Dēlia*). Esto se aplica también a los nombres que designan a personas. Los nombres que se refieren a los hombres se terminan generalmente por *-us: fīlius, dominus, servus* (pero *-us* se omete en algunos nombres en *-r*, por ej. *vir, puer*), mientras que los nombres que designan a mujeres se terminan por *-a* (*fēmina, puella, fīlia, domina, ancilla*); pero una persona nunca es designada por un nombre en *-um*. Por consiguiente, se dice que los nombres terminados por *-um* son neutros (lat. *neutrum*, 'ni el uno ni el otro', es decir ni masculino ni femenino), mientras la mayoría de las palabras en *-us* son masculinas (lat. *masculīnum*) y la mayoría de las palabras en *-a* son femeninas (lat. *fēminīnum*, de *fēmina*). Pero como términos gramaticales 'masculino' y 'femenino' no están reservados a los seres vivos: las palabras *fluvius, numerus, liber* son gramaticalmente masculinas, mientras que *īnsula, littera, familia* son femeninas. La designación gramatical, en consecuencia, no es 'sexo' sino género (lat. *genus*). Las abreviaciones usadas para los tres géneros son *m, f* y *n*.

hombres: *-us*
mujeres: *-a*

géneros:
masculino (m.): *-us*
femenino (f.): *-a*
neutro (n.): *-um*

La palabra *familia* se refiere a toda la gente de casa, incluyendo a todos los esclavos, *servī* y *ancillae*, que pertenecen al jefe de familia como su propiedad. *Iūlius* es el padre, *pater*, de *Mārcus, Quīntus* y *Iūlia*, y el amo, *dominus*, de *Mēdus, Dāvus, Syra, Dēlia* etc. Para expresar estas relaciones se necesita el genitivo (lat. *genetīvus*), forma del sustantivo que se termina por *-ī* o *-ae* en singular: *Iūlius est pater Mārcī et Quīntī et Iūliae;* en plural encuentras las terminaciones largas *-ōrum* y *-ārum*: *Iūlius est dominus multōrum servōrum et multārum ancillārum*. Así las terminaciones del genitivo son *-ae* y *-ārum* en femenino e *-ī* y *-ōrum* en masculino – y en neutro.

genitivo:
    m./n. f.
sing. -ī   -ae
plur. -ōrum -ārum

Unas partículas como *et* y *sed* son llamadas conjunciones (lat. *coniūnctiōnēs*, de *con-iungere*, 'juntar') porque ellas juntan unas palabras o frases. En lugar de *et* encuentras a menudo la conjunción enclítica *-que: Dēlia Mēdusque* sustituye *Dēlia et Mēdus* y *fīliī fīliaeque* sustituye *fīliī et fīliae* (l. 9, 22).

conjunciones

...*-que = et* ...

Entre las palabras nuevas se encuentran las palabras interrogativas *quis* y *quae*, que se emplean para preguntar sobre las personas (esp. '¿quién?'): *Quis est Mārcus?* y *Quae est Iūlia?* (l. 15, 17), o sea el masculino *quis* (plural *quī*), el femenino *quae* – y el neutro *quid*, como ya lo viste en el Cap. 1 (esp. '¿qué?'). El genitivo del interrogativo es *cuius* (esp. '¿de quién?'): *Cuius servus est Dāvus? Dāvus servus Iūliī est* (l. 35).

m. f. n.
quis? quae? quid?
gen. *cuius?*

La partícula interrogativa invariable *quot* sirve a preguntar sobre el número: *Quot līberī sunt in familiā? In familiā sunt trēs līberī. Quot fīliī et quot fīliae? Duo fīliī et ūna fīlia. Quot servī? Centum servī* (l. 37-39). Como la mayoría de los numerales *centum* es invariable; pero *ūnus* tiene las terminaciones *-us -a -um*, el femenino de *duo* es *duae* (*duae fīliae*) y el neutro de *trēs* es *tria* (*tria oppida*).

quot? 1, 2, 3...
m. f. n.
ūnus ūna ūnum
duo   duae duo
trēs   trēs tria

magnus numerus -ōrum = *multī -ī / multa -a* *magnus numerus -ārum* = *multae -ae*	El número puede también indicarse por la palabra *numerus* combinada con el genitivo plural: *Numerus līberōrum est trēs. Numerus servōrum est centum* (l. 43-44). Dado que *centum* ha de considerarse como un *magnus numerus*, las frases siguientes se entienden fácilmente: *Numerus servōrum est magnus* e *In familiā magnus numerus servōrum est*. Del mismo modo *parvus numerus līberōrum* tiene la misma significación que *paucī līberī*. Encontrarás además las expresiones *magnus numerus oppidōrum* y *fluviōrum* (l. 56-57) que significan *multa oppida* y *multī fluviī*.
	Del continente africano los romanos no conocían más que la región norte, endonde se encuentra un único gran río, el Nilo: *In Āfricā ūnus fluvius*
cēterī -ae -a	*magnus est: Nīlus* (l. 58). Y seguimos: *Cēterī fluviī Āfricae parvī sunt*. El adjetivo *cēterī -ae -a* ('los demás') vuelve varias veces; así es como la enumeración de los 3 primeros entre nuestros 35 *capitula* se concluye con *cētera* (l. 86; hubiéramos podido tener *et cētera*, expresión latina que abreviamos en 'etc.').
enumeración: (1) *A et B et C* (2) *A, B, C* (3) *A, B C-que*	La regla siguiente se aplica en latín a las enumeraciones: ora (1) *et* colocado entre cada uno de los términos: *Mārcus et Quīntus et Iūlia*; ora (2) ninguna conjunción: *Mārcus, Quīntus, Iūlia*; ora (3) *-que* añadido al último término: *Mārcus, Quīntus Iūliaque*.
adjetivos <u>posesivos</u>	El diálogo del fin del capítulo muestra que en lugar del genitivo los <u>adjetivos posesivos</u> *meus -a -um* y *tuus -a -um* remiten respectivamente a la persona que está hablando y a la persona a la que uno está hablando (como en español 'mi' y 'tu').
ecce: ⟶	En la página 16 encuentras la palabra *ecce* (ilustrada por una flecha en el margen). Se usa cuando se designa algo o cuando se atrae la atención sobre algo, aquí sobre la estampa de los dos libros. Nota la forma de un libro antiguo: un rollo de papiro cuyo texto está escrito en columnas, y la palabra latina para tal rollo: *liber* (otro sustantivo masculino en *-r* sin *-us*), plural *librī*.
sing. plur. *liber librī*	

Capítulo 3

Ahora que conoces la familia, vas a presenciar algunas de sus actividades. Empezamos con los niños – eran antaño exactamente los mismos que hoy. Pues no nos sorprende enterarnos de que los hijos de Julius y Aemilia no pueden siempre quedar juntos. Aquí, la pequeña Julia es la primera en padecer porque molesta a su hermano mayor. La paz no está restablecida antes de que lleguen el Padre y la Madre.

<u>verbos</u>: *-at: cantat, pulsat, plōrat, vocat, interrogat, verberat* *-et: rīdet, videt, respondet* *-it: venit, audit, dormit*	Varias de las nuevas palabras de este capítulo son <u>verbos</u>. Un verbo (lat. *verbum*) es una palabra que expresa una acción o un estado: que alguien haga algo o que algo exista o se produzca. El primer verbo latino que encuentras es *cantat* en la frase de introducción: *Iūlia cantat*. Los otros verbos son *pulsat, plōrat, rīdet, videt, vocat, venit, interrogat, respondet, dormit, audit, verberat*. Se terminan todos por *-t* – como *est*, que también es un verbo – y las más de las veces vienen en fin de frase.
	En la frase *Iūlia cantat*, la primera palabra designa a la persona que cumple la acción. Otras frases del mismo tipo son: *Iūlia plōrat; Mārcus rīdet; Aemilia venit; Iūlius dormit*. Pero no siempre es tan simple. Toma por ej. la ·frase
Mārcus Iūliam pulsat	ilustrada por el dibujito en el margen: *Mārcus Iūliam pulsat*. Aquí, nos dicen no sólo quién hace la acción sino también quien padece la acción. Vemos el mismo esquema en las frases siguientes, también ilustradas por estampas:
Quīntus Mārcum videt Iūlia Aemiliam vocat	*Quīntus Mārcum videt; Quīntus Mārcum pulsat; Mārcus Quīntum pulsat; Iūlia Aemiliam vocat*.

Como lo ves, el nombre de la persona que cumple la acción, llamada sujeto del verbo, posee una de las terminaciones ya muy conocidas -*us* y -*a*, mientras el nombre de la persona que padece la acción, el objeto, toma la terminación -*um* o -*am*. Con otros términos: *Iūlia* se transforma en *Iūliam* cuando nos dicen que Marcus la pega, así como *Mārcus* se vuelve *Mārcum* cuando él es la víctima. En circunstancias semejantes *puella* se transforma en *puellam*, y *puer* en *puerum*, y los adjetivos calificativos toman la misma terminación: *Mārcus parvam puellam pulsat; Iūlius puerum improbum verberat*.

sujeto: -*us*, -*a*
objeto: -*um*, -*am*

Así, con la ayuda de las terminaciones, distinguimos en latín el sujeto del verbo y su objeto. Las formas en -*us* y en -*a* que caracterizan el sujeto, son llamadas nominativo (lat. *nōminātīvus*), y las formas en -*um* y en -*am*, que designan el objeto, son llamadas acusativo (lat. *accūsātīvus*). Los verbos como *pulsat, videt, vocat*, que se usan con un objeto en acusativo, son llamados transitivos, y los verbos sin objeto, por ej. *rīdet, plōrat, dormit*, son verbos intransitivos.

sujeto	objeto	verbo
Mārcus	*Iūliam*	*pulsat*
m.	f.	

nominativo -*us* -*a*
acusativo -*um* -*am*

verbos transitivos e intransitivos

En lugar de los acusativos en -*am* y -*um* encuentras a veces *eam* y *eum*, por ej. *Iūlia plōrat quia Mārcus eam pulsat*, y *Cūr Iūlius Quīntum nōn audit? Iūlius eum nōn audit, quia dormit* (l. 27, 43; los dos puntos en la nota marginal *eam* : *Iūliam* significan que aquí *eam* se ha puesto por *Iūliam*). Una palabra de este tipo que toma el puesto de un nombre o sustantivo, se llama pronombre (lat. *prōnōmen*, de *prō* 'en lugar de' y *nōmen* 'nombre' o 'sustantivo'). Correspondiendo a *eum* y *eam* el pronombre *mē* se emplea cuando una persona (hombre o mujer) habla de sí misma, y *tē* se emplea para la persona a quien uno habla (como en español 'me' y 'te'): *Aemilia: "Quis mē vocat?" Quīntus: "Iūlia tē vocat"* (l. 24-25)

eam: *Iūliam*
eum: *Quīntum*
pronombre
m. f.
ac. *eum* *eam*
mē
tē

La partícula interrogativa *cūr* se emplea para preguntar la causa. Una pregunta introducida por *cūr* llama una respuesta con la conjunción causal *quia* (esp. 'porque'): *Cūr Iūlia plōrat? Iūlia plōrat quia Mārcus eam pulsat; Cūr Mārcus Iūliam pulsat? Quia Iūlia cantat* (l. 26-27, 30-31).

pregunta: *cūr*...?
respuesta: ... *quia* ...

Cuando la identidad del sujeto es conocida, porque el contexto muestra quién es, no es necesario repetirlo en la frase siguiente: *"Ubi est Iūlius? Cūr nōn venit?"* (l. 36); *Iūlius eum nōn audit, quia dormit* (43); *"Cūr māter Mārcum verberat?" "Mārcum verberat, quia puer improbus est"* (l. 58; en español tampoco repetimos el sujeto en tal caso).

Las conjunciones *et* y *sed* no se combinan con una negación; en lugar de *'et nōn'* y de *'sed nōn'* se emplea la conjunción *ne-que*, es decir -*que* atado a la negación original *ne* (= *nōn*): *Iūlius dormit neque Quīntum audit. Iūlius venit, neque Aemilia eum videt* (en español 'y... no', 'pero... no').

ne-que = *'et nōn'* (*'sed nōn'*)

En la frase *Puer quī parvam puellam pulsat improbus est* (l. 63) *quī* es el pronombre relativo que remite a *puer*. Al fin del capítulo (pág. 23) encuentras unas frases en que caben a la vez el pronombre interrogativo y el pronombre relativo, por ej. *Quis est puer quī rīdet?* En femenino ambos pronombres son idénticos: *quae est puella quae plōrat?* (el relativo *quae* remite a *puella*). El pronombre interrogativo *quis* da *quem* en el acusativo: *Quem vocat Quīntus? Quīntus Iūlium vocat*. Como pronombres relativos, se usa *quem* en masculino y *quam* en femenino: *Puer quem Aemilia verberat est Mārcus. Puella quam Mārcus pulsat est Iūlia*. Los ejemplos muestran que *quī* y *quem* (m.) remiten a un sustantivo masculino, y *quae* y *quam* (f.) a un sustantivo femenino. En el cap. 4 (l. 75) aparece *quod*, que remite a un sustantivo neutro: *baculum quod in mēnsā est*.

pronombre relativo
puer quī ...
puella quae...
pronombre interrogativo
nom. *quis*
ac. *quem*
pronombre relativo
m. f. n.
nom. *quī* *quae* *quod*
ac. *quem* *quam* *quod*

Capítulo 4

Dejamos ahora a los niños por un momento y nos volvemos hacia los adultos. Julius parece preocupado; le aparece que le falta una suma de dinero. ¿Quién es el ladrón? La pregunta no está resuelta sino al fin del capítulo, naturalmente ¡y entonces el culpable ya se fugó! Más tarde (en los cap. 6 y 8) descubriremos dónde se esconde y qué hace con ese dinero. Pero, de momento, debemos empeñarnos en descubrir quién es el ladrón.

nominativo -*us*
vocativo -*e*

En latín, cuando uno se dirige a un hombre, el nominativo en -*us* se sustituye por una forma especial, el vocativo (lat. *vocātīvus*, de *vocat*), que se termina por -*e*. Medus llama a Davus gritando: *"Dāvĕ!"* (l. 25), y cuando Davus saluda a su amo dice: *"Salvē, dominĕ!"* y Julius contesta: *"Salvē, servĕ!"* (l. 34-35).

imperativo
vocā! vidē! venī! pōne!

La forma verbal empleada para dar órdenes se llama imperativo (lat. *imperātīvus*, de *imperat*). El imperativo latino es la forma verbal más corta, sin ninguna terminación, que llaman tema, por ej. *vocā! tacē! venī!*, o una -*e* breve es añadida cuando el tema se termina por una consonante, como en *pōnĕ!* (el tema es *pōn*-).

tema verbal
-*ā*, -*ē*, -*ī*, cons.

conjugaciones
1. tema en -*ā*: *vocā*-
2. tema en -*ē*: *vidē*-
3. tema en cons.: *pōn*-
4. tema en -*ī*: *venī*-

El tema de un verbo latino se termina por una de las vocales largas -*ā*, -*ē*, -*ī* o por una consonante. Los verbos son, por consiguiente, divididos en cuatro clases, llamadas conjugaciones :

1ª conjugación: verbos con un tema en -*ā*: *vocā*-, *cantā*-, *pulsā*-:
2ª conjugación: verbos con un tema en -*ē*: *tacē*-, *vidē*-, *habē*-.
3ª conjugación: verbos consonánticos, con un tema que se termina por una consonante: *pōn*-, *sūm*-, *discēd*-.
4ª conjugación: verbos con un tema en -*ī*: *venī*-, *audī*-, *dormī*-.

imperativo   indicativo
1. *vocā*   *voca*|*t*
2. *vidē*   *vidē*|*t*
3. *pōn*|*e*   *pōn*|*it*
4. *audī*   *audī*|*t*

Se añaden a estos temas las distintas terminaciones (una raya vertical [|] se emplea aquí para marcar la separación entre el tema y la terminación). Cuando se añade una -*t*, la vocal final del tema se vuelve breve: *vocă*|*t*, *vidĕ*|*t*, *venĭ*|*t*, y en los temas consonánticos se inserta una -*i*- breve antes de la -*t*: *pōn*|*ĭt*, *sūm*|*ĭt*, *discēd*|*ĭt*. Esta forma verbal se llama indicativo (lat. *indicātīvus*, 'que indica', 'que declara').

pronombre
nom. *is*
ac. *eum*
gen. *eius*

En la segunda de las dos frases *Mēdus discēdit, quia is pecūniam dominī habet* (l. 77) el nominativo *Mēdus* está sustituido por el pronombre *is*, que es el nominativo que corresponde al acusativo *eum* (en español 'él' y 'le'). Pero el nominativo de este pronombre no se usa sino para expresar cierta insistencia (aquí, Medus se opone a Davus. Cuando no hay insistencia sobre el sujeto, se emplea el verbo sin pronombre (como en español), por ej. *Mēdus nōn respondet, quia abest* (l. 85).

suus -a -um / eius:
Iūlius servum suum
vocat
Servus eius abest

El genitivo de *is* es *eius* (esp. 'su'): *In sacculō eius (: Iūliī) est pecūnia*. Sin embargo, cuando se remite a algo que pertenece al sujeto de la frase, se emplea el adjetivo posesivo *suus -a -um* en vez de *eius: Iūlius servum suum Mēdum videt* (l. 19). Compara los dos ejemplos: *Dāvus sacculum suum in mēnsā pōnit* y *Iam sacculus eius in mēnsā est* (l. 61-62).

Los sustantivos neutros, por ej. *verbum* y *baculum*, tienen la misma terminación -*um* en nominativo y acusativo: *Mēdus nūllum verbum respondet* (l. 45); *Iūlius baculum suum in mēnsā pōnit* (l. 62). Después de *in* no sólo -*um* sino también -*us* es transformado en -*ō: Sacculus Iūliī nōn parvus ĕst. In sacculō eius est pecūnia"* (l. 3). Esta forma será tratada en el capítulo siguiente.

Capítulo 5

Hemos conocido a una familia romana evidentemente acomodada, a juzgar por la espléndida 'villa' en la que vive. El plan de la página 33 y las estampas de las diferentes partes de la casa te darán una idea de la disposición de una 'villa' romana típica. Sus particularidades son el atrio con su hueco en el techo y el estanque para las aguas de lluvia, tanto como el peristilo, patio interior cercado por filas de columnas.

Un nuevo punto de gramática para aprender es primero el acusativo plural. Correspondiendo con el acusativo singular en -*um* y -*am*, que fue presentado en el cap. 3, encuentras ahora las formas plurales terminadas respectivamente en -*ōs* y -*ās*: el plural *fīliī* se vuelve *fīliōs* al emplearse como objeto del verbo: *Iūlius duōs fīliōs habet;* del mismo modo *fīliae* se transforma en *fīliās* (véase l. 3-4). El acusativo de los sustantivos masculinos y femeninos se termina siempre por -*m* en singular y -*s* en plural. Los sustantivos neutros tienen la misma terminación en el acusativo que en el nominativo (sing. -*um*, plur. -*a*), por ej. *Iūlius multa līlia in hortō suō habet* (l. 14).

acusativo sing. y plur.
m. f. n.
sing. -um -am -um
plur. -ōs -ās -a

Luego, verás que las partículas *ab, cum, ex, in* y *sine* hacen que las palabras que las siguen tomen las terminaciones -*ō* (m./n.) o -*ā* (f.) y en plural -*īs*: *ex hortō, ab Aemiliā, in ātriō, cum līberīs, sine rosīs*. Estas palabras antepuestas son llamadas preposiciones (lat. *praepositiōnēs*, 'puestas delante'). Ya has visto ejemplos de la preposición *in: in Italiā, in imperiō Rōmānō, in sacculō*. Las formas en -*ō*, -*ā*, e -*īs* son llamadas ablativo (lat. *ablātīvus*). Se dice que las preposiciones *ab, cum, ex, in, sine* 'gobiernan' el ablativo.

preposiciones
ab, cum, ex, in, sine
+ -ō/-ā/-īs

ablativo
m./n. f.
sing. -ō -ā
plur. -īs

Nuevas formas del pronombre *is* son presentadas ahora: el femenino *ea*, el neutro *id;* los plurales *iī (=eī), eae, ea*. En el acusativo y en el ablativo este pronombre presenta las mismas terminaciones que el sustantivo que sustituye; recordando los acusativos *eum* y *eam* identificarás formas como *eō, eā* (abl. sing.), *eōs, eās* (ac. pl.) e *iīs* (= *eīs*, abl. pl.). El genitivo plural es *eōrum, eārum* (así para *dominus servōrum* encontrarás *dominus eōrum*), pero el genitivo singular tiene una forma especial, *eius*, que es la misma para los tres géneros: ya has tenido *sacculus eius* (: *Iūliī*), ahora encuentras *nāsus eius* (: *Syrae*, l. 18). (Estos genitivos corresponden a los adjetivos posesivos españoles 'su, sus')

pronombre *is ea id*
sing. m. f. n.
nom. *is ea id*
ac. *eum eam id*
gen. *eius eius eius*
abl. *eō eā eō*
plur.
nom. *iī eae ea*
ac. *eōs eās ea*
gen. *eōrum eārum eōrum*
abl. *iīs iīs iīs*

Por fin, aprendes las formas del plural de los verbos: (1) cuando el sujeto está en plural o representa a más de una persona, el verbo no se termina sólo por -*t*, sino por -*nt* (cf. *est* y *sunt*): *Mārcus et Quīntus Iūliam vocant*. *Puerī rīdent;* y (2) cuando dos personas o más reciben orden de hacer algo, se emplea la forma del plural del imperativo, terminada en -*te: Mārce et Quīnte! Iūliam vocāte! Tacēte, puerī! Audīte!* En los temas consonánticos (3ª conjugación) se inserte una vocal breve antes de esas terminaciones del plural: -*i*- delante de -*te* y -*u*- delante de -*nt: Discēdite, puerī! Puerī discēdunt.* Aun en los temas en -*ī* (4ª conjugación) esta -*u* se inserte antes de -*nt: Puerī veniunt.*

imperativo & indicativo
sing. plur.
1. imp. *vocā* *vocā|te*
 ind. *voca|t* *voca|nt*
2. imp. *vidē* *vidē|te*
 ind. *vide|t* *vide|nt*
3. imp. *pōn|e* *pōn|ite*
 ind. *pōn|it* *pōn|unt*
4. imp. *audī* *audī|te*
 ind. *audi|t* *audi|unt*

La observación de Julia *"puerī mē rīdent"* (l. 70) muestra que *rīdet*, que suele ser un verbo intransitivo, puede recibir un objeto, en el sentido de 'reírse de': *puerī Iūliam rīdent.*

rīdēre + ac.

El verbo consonántico *agit agunt* expresa la acción en general: *Quid agit Mārcus? Quid agunt puerī?* (esp. 'hacer'). El imperativo de este verbo precede a menudo otro imperativo para hacer hincapié en la orden, por ej. *Age! venī, serve! Agite! venīte, servī!*

age! agite! + imp.

15

Capítulo 6

las vías romanas

Las vías de comunicación estaban muy desarrolladas en el mundo romano antiguo. Las diferentes partes del Imperio romano estaban unidas por una óptima red de carreteras mayores. En el mapa de la página 40 ves las carreteras romanas de Italia más importantes, entre las cuales la famosa Vía Appia, que sale de Roma rumbo al sur y se prolonga hasta Brundisium.

Casi paralela a la Vía Appia, la Vía Latina pasa por la ciudad de Tusculum mencionada en el primer capítulo. La 'villa' de Julius se sitúa muy cerca de esta ciudad, de tal modo que cualquier persona que acude de ahí hasta Roma sigue la Vía Latina. Por eso no sorprende descubrir a Medus andando por esta vía. Descubrirás pronto lo que lo atrae a la ciudad.

preposiciones + ac.:
ad, ante, apud, circum, inter, per, post, prope

En el cap. 5 has encontrado algunas preposiciones que gobiernan el ablativo. Muchas preposiciones más gobiernan el <u>acusativo</u>, por ej. *ad, ante, apud, circum, inter, per, post, prope,* que te son presentadas ahora. *Ad* indica el movimiento <u>hacia</u> un lugar – es lo contrario de *ab* (¡seguido del <u>ablativo</u>!) que indica la <u>procedencia de</u> un lugar. Las partículas interrogativas correspondientes son *quō* y *unde: Quō it Iūlius? Ad vīllam it. Unde venit? Ab oppidō.*

quō? ad + ac.
unde? ab + abl.

ab + vocal & *h-*
ā/ab + consonante

– En vez de *ab* encontramos la forma abreviada *ā* delante de una consonante, pero nunca delante de una vocal o *h-*: *ā vīllā, ā dominō, ab ancillā, ab oppidō.*

quō? Tūsculum
Rōmam
unde? Tūsculō
Rōmā

El movimiento <u>hacia</u> una ciudad o <u>procedente de</u> una ciudad mencionada por su nombre se expresa por el nombre de la ciudad respectivamente en acusativo y en ablativo <u>sin preposición</u>. Por consiguiente se habla en latín de un trayecto *Rōmā–Brundisium,* o, en el sentido opuesto, *Brundisiō–Rōmam.* Es la función fundamental del ablativo (con o sin preposición) señalar 'el lugar de donde'. En esta función, el ablativo es llamado <u>ablativo de separación</u>.

ablativo de <u>separación</u>

ubi? Tūsculī
Rōmae

Para indicar <u>en dónde</u> se encuentra algo o alguien, se emplea las más de las veces la preposición *in* seguida del ablativo: *in Italiā, in oppidō, in hortō.* Los ejemplos *Cornēlius Tūsculī habitat* y *Mēdus Rōmae est* muestran sin embargo que con los nombres de ciudad no se emplea más *in* que *ad* o *ab*: en lugar de ello, el nombre toma la terminación *-ī* o *-ae,* según que el nominativo se termina en *-um/-us* o *-a.* Esta forma, que en este caso coincide con el genitivo, se llama <u>locativo</u> (lat. *locātīvus,* de *locus,* 'lugar').

<u>locativo</u> (= genitivo)
-ī, -ae

Mārcus Iūliam pulsat =
Iūlia pulsātur ā Mārcō

activo	pasivo
1. voca|t	vocā|tur
voca|nt	voca|ntur
2. vide|t	vidē|tur
vide|nt	vide|ntur
3. pōn|it	pōn|itur
pōn|unt	pōn|untur
4. audi|t	audī|tur
audi|unt	audi|untur

La frase *Mārcus Iūliam pulsat* puede transformarse en *Iūlia pulsātur ā Mārcō* (como en español 'Marcus pega a Julia' y 'Julia es pegada por Marcus'). La acción es la misma, pero en la segunda frase, en que el verbo se termina por *-tur,* la persona activa, que cumple la acción, pasa al segundo término, mientras la persona pasiva, quien 'padece' la acción, viene al primer término: ya no aparece como objeto en acusativo *(Iūliam)* sino como sujeto en nominativo *(Iūlia),* y el nombre de la persona por la que se cumple la acción, el <u>agente</u>, está puesto en ablativo precedido de *ab* o *ā* (*ā Mārcō*). En la página 44 hay varios ejemplos de ambas construcciones, que son llamadas <u>activo</u> y <u>pasivo</u> (lat. *āctīvum* y *passīvum*). En la frase *Mēdus Lӯdiam amat et ab eā amātur* (l. 78-79) las dos construcciones se hallan combinadas.

En el pasivo, como lo hemos visto, cuando el agente es una persona, se expresa por *ab/ā* más el ablativo. Cuando el agente no es una persona, se emplea el ablativo sin *ab/ā*, por ej. *Cornēlius equō vehitur; Lӯdia verbīs Mēdī dēlectātur.* El ablativo solo indica aquí el medio o la <u>causa</u>. Es muy frecuente tanto en frases pasivas como en frases activas: *Iūlius lectīcā vehitur. Dominus servum baculō pulsat. Servī saccōs umerīs portant. Mēdus viā Latīnā Rōmam ambulat.* Este empleo del ablativo se llama <u>ablativo instrumental</u> (lat. *ablātīvus īnstrūmentī*).

Cornēlius equō vehitur =
equus Cornēlium vehit

ablativo <u>instrumental</u>

Capítulo 7

Cuando el padre vuelve de la ciudad, le trae en general algo a su familia. Pues ya descubres lo que cabe en los sacos que llevaron Syrus y Leander.

Cuando nos dicen que Iūlius le regala algo a cada miembro de la familia, el nombre de esta persona se termina por -ō (*Mārcō, Quīntō, Syrō, Lēandrō*) o por -ae (*Aemiliae, Iūliae, Syrae, Dēliae*). Esa forma terminada por -ō en masculino (y en neutro) y -ae en femenino es llamada dativo (lat. *datīvus*, de *dat*, 'da'). Ejemplos: *Iūlius Mārcō/fīliō suō mālum dat* (l. 46-47); *Iūlius Aemiliae ōsculum dat* (l. 63). En vez de *Iūlius Syrō et Lēandrō māla dat* encontramos *Iūlius servīs māla dat*, y la frase *Iūlius ancillīs māla dat* se refiere a Syra y Delia. En plural el dativo se termina por -īs como el ablativo.

dativo
m./n. f.
sing. -ō -ae
plur. · -īs

El dativo del pronombre *is ea id* es *eī* en singular e *iīs* (o *eīs*) en plural: *Iūlius eī (: Quīntō/Iūliae) mālum dat. Iūlius iīs (: servīs, ancillīs) māla dat*. Las formas son las mismas en los tres géneros. El dativo del pronombre interrogativo y relativo es *cui: Cui Iūlius mālum dat? Puer/puella cui Iūlius mālum dat est fīlius/fīlia eius* (véase l. 101-104).

pronombre *is ea id*
dativo: sing. *eī*, plur. *iīs*
pron. interrog. & rel.
dativo sing. *cui*

Los ejemplos *Puella sē in speculō videt et sē interrogat* (l. 8-9) muestran que el pronombre *sē* (ac.) se emplea cuando se refiere al sujeto de la misma frase; *sē* es llamado pronombre reflexivo (esp. 'se').

pronombre reflexivo
sē (ac.)

Compara las frases *Iūlius in vīllā est* y *Iūlius in vīllam intrat*. En la primera *in* gobierna al ablativo (*villā*) como lo hemos visto tantas veces; en la segunda, gobierna el acusativo (*vīllam*). Los ejemplos muestran que *in* gobierna el acusativo cuando hay movimiento hacia dentro de un lugar. Por eso leemos: *Syra in cubiculum intrat*, y ella dice: *Venī in hortum!* (l. 14, 17).

in + abl./ac.:
ubi? in vīllā
quō? in vīllam

Una pregunta con *num* llama una respuesta negativa; por eso Julia pregunta: *"Num nāsus meus foedus est?"* (l. 20). Se consigue el efecto opuesto con *nōnne*: cuando Syra pregunta: *"Nōnne fōrmōsus est nāsus meus?"* (l. 26) espera, claro, la respuesta 'sí'). Sin embargo Julia dice: *"Immō foedus est!"* La palabra *immō* sirve para recalcar en la negación (esp. 'no', 'al contrario').

pregunta: respuesta:
nōnne... est? ... *est*
num... est? ... *nōn est*

El saludo *Salvē!* expresa un deseo de buena salud. Era entendido como un imperativo, de tal modo que tiene el plural en -*te: Salvēte, fīliī!* (l. 31). – El imperativo de *est* es *es!* (tema solo; plural *este!*): *Tergē oculōs! Es laeta!* (l. 23).

sing. *salvē!*
plur. *salvēte!*

Nota la repetición de las conjunciones *et* y *neque* (l. 50, 57): *et Mārcus et Quīntus māla habent* y *Servī neque māla neque pira habent* (esp. 'y... y...', 'ni... ni...'). En lugar de *et... et* encontramos a menudo *nōn sōlum... sed etiam: nōn sōlum māla, sed etiam pira* (l. 56).

et... et
neque... neque
nōn sōlum... sed etiam

Cuando Julius habla de cosas que están cerca de él, dice por ej. *hic saccus* y *hoc mālum*, y Julia dice *haec rosa* hablando de la flor que tiene en la mano. *Hic haec hoc* (esp. 'este') es un adjetivo demostrativo que será estudiado en el cap. 8. – *Hic saccus plēnus mālōrum est* (l. 43): nota el genitivo después de *plēnus* ('lleno de...').

hic haec hoc

plēnus + gen.

Los verbos compuestos tienen a menudo una preposición como primer elemento, como *ad-est* y *ab-est*. En este capítulo encuentras *in-est, ad-venit, ad-it, ex-it* y en el siguiente *ab-it*. Muchas veces la misma preposición está colocada en la misma frase delante de un sustantivo: *Quid inest in saccīs? Iūlius ad vīllam advenit. Iūlia ē cubiculō exit*.

verbos compuestos:
ad-, ab-, ex-, in-

El último ejemplo muestra la forma abreviada *ē* de *ex*. La misma regla se aplica para el empleo de *ex* y *ē* que para *ab* y *ā:* ante una vocal y *h-* sólo se emplea *ex* y *ab; ē* y *ā* sólo se emplean ante una consonante, jamás ante una vocal. Ejemplos con *ex* y *ē: ē/ex vīllā*, pero únicamente *ex ātriō, ex hortō*.

ex + vocal & *h-*
ē/ex + consonante

17

Capítulo 8

En el mundo antiguo la gente hacía las compras en mostradores que se alineaban en las calles. Los transeúntes sólo habían de detenerse en la acera delante de una tienda y comprar lo que querían. Estemos ciertos de que los tenderos exhortaban a sus clientes con una elocuencia muy mediterránea.

pronombres:
pronombre interrogativo
quis? quae? quid?
pronombre. relativo
...quī ...quae ...quod
pronombres/adjetivos
demonstrativos
is ea id
hic haec hoc
ille -a -ud

En este capítulo prestamos atención particular a ciertos pronombres importantes: el pronombre interrogativo *quis quae quid*, el pronombre relativo *quī quae quod* y los pronombres demonstrativos *is ea id, hic haec hoc* e *ille illa illud*. Acerca de estos dos últimos, *hic haec hoc* se refiere a algo que está aquí (*hīc*), es decir cerca del locutor, mientras que *ille illa illud* remite a algo más lejos del locutor (esp. 'éste' y 'ése'/'aquél'). Las más de las veces estos pronombres demonstrativos se emplean como adjetivos que califican a sustantivos: *hic vir, haec fēmina, hoc oppidum* e *ille vir, illa fēmina, illud oppidum*. En *hic haec hoc* el tema invariable es sólo *h-*, cf. el plural *hī hae, hōs hās, hōrum hārum, hīs*, pero en singular (y en neutro plural nom./acc.) una *-c* parásita está añadida (véase el cuadro de la página 61).

pron. interrogativo
sust.: *quis?*
         quid?
adj.: *quī/quis -us?*
       quod -um?

quī... = is quī...

ille -a -ud
gen. *-īus*
dat. *-ī*

          sing.   plur.
ind.   *accipit*   *accipiunt*
        aspicit   *aspiciunt*
imp. *accipe*   *accipite*
        aspice   *aspicite*

tantus = tam magnus
quantus = quam magnus, quam

ablātīvus pretiī

Las formas de los otros pronombres están presentadas sistemáticamente en unos ejemplos en la sección GRAMMATICA LATINA. Ahí, no sólo *ille illa illud* sino también *is ea id* están empleados como adjetivos: *is servus, ea ancilla, id ōrnāmentum* (en español 'ese, esa'); el pronombre interrogativo está empleado incluso como adjetivo ante un sustantivo: *quī servus? quae ancilla? quod oppidum?* pero nota que en masculino y en neutro las formas adjetivales son respectivamente *quī* y *quod*, mientras *quis* y *quid* se emplean solos (sin embargo, *quis* también se emplea ante un sustantivo cuando se trata de identidad: *quis servus? Mēdus*). Cuando del pronombre relativo está usado sin antecedente al que se refiera, como en *Quī tabernam habet ōrnāmentārius est* (l. 3) y *Quī magnam pecūniam habent ōrnāmenta emunt* (l. 16-17), se puede sobreentender un pronombre demonstrativo: *Is quī..., Iī quī...*

Como *ille -a -ud* la mayor parte de los pronombres se terminan en *-īus* en genitivo e *-ī* en dativo en los tres géneros (pero la *i* es breve o consonántica en *eius, cuius* y *cui, huic*). El neutro en *-ud* se vuelve a encontrar en *alius -a -ud*.

Los verbos *accipit* y *aspicit* tienen el plural en *-iunt*: *accipiunt, aspiciunt* y el imperativo en *-e -ite: accipe! accipite!* y *aspice! aspicite!* Parecen seguir un modelo que no es el de los temas consonánticos ni el de los temas en *-ī*. Es que el tema de estos verbos se termina por una *-i* breve: *accipi-, aspici-*, pero esta *i* sólo aparece delante de una terminación que empieza por una vocal, como *-unt*: *accipiunt, aspiciunt;* si no estos verbos se portan como temas consonánticos y están considerados como pertenecientes a la 3ª conjugación.

En lugar de *tam magnus* y *quam magnus* se emplean los adjetivos *tantus* y *quantus*, y *tantus quantus* toma el puesto de *tam magnus quam*. *Quam* se emplea también en exclamaciones: *Ō, quam pulchra sunt illa ōrnāmenta!* (l. 42).

Nota el ablativo instrumental (sin preposición): *fēminae ōrnāmentīs dēlectantur* (l. 12), *gemmīs et margarītīs ānulīsque ōrnantur* (l. 24); *Lȳdia tabernam Albīnī digitō mōnstrat* (l. 43). Con los verbos *emit, vēndit* y *cōnstat* (verbos de compra y de venta, etc.) el precio está en ablativo (*ablātīvus pretiī*): *Hic ānulus centum nummīs cōnstat* (l. 59); *ōrnāmenta quae parvō pretiō emuntur* (l. 104); *Albīnus Mēdō ānulum vēndit sēstertiīs nōnāgintā* (l. 116-117).

Nota el dativo *Mēdō* con *vēndit*. El dativo aparece ahora no sólo con el verbo *dat*, sino también con *ostendit* (l. 46, 52, 58, 83), *mōnstrat* (l. 130) y *vēndit*. Siendo transitivos, estos verbos tienen objeto en acusativo, lo que se llama objeto directo para distinguirlo del dativo, que se llama objeto indirecto.

Capítulo 9

Estudiando el paisaje que encabeza el capítulo aprenderás cantidad de nuevas palabras latinas. En las palabras *campus, herba, rīvus, umbra, silva, caelum* ves las terminaciones familiares *-us, -a, -um;* pero las otras palabras, *collis, pāstor, canis, mōns, sōl* etc. tienen terminaciones diferentes, no sólo en nominativo, sino también en los otros casos (ac., gen., dat., abl.): en singular, tienen la terminación *-em* en acusativo, *-is* en genitivo, *-ī* en dativo y *-e* en ablativo; en plural, tienen *-ēs* en nominativo y acusativo, *-um* o *-ium* en genitivo, e *-ibus* en dativo y en ablativo. Ejemplos de todas estas terminaciones están expuestos con los sustantivos *ovis* y *pāstor* (l. 3–7 y 11–18). Las palabras declinadas (es decir modificadas) de este modo pertenecen a la 3ª declinación (lat. *dēclīnātiō tertia*), de modo que la 1ª declinación (*dēclīnātiō prīma*) abarca las palabras en *-a* (como *fēmina*) y la 2ª declinación (*dēclīnātiō secunda*) las palabras en *-us* y en *-um* (como *servus* y *oppidum*).

En nominativo singular, los sustantivos de la 3ª declinación o no tienen terminación (por ej. *pāstor, sōl, arbor*) o tienen *-is* (por ej. *ovis, canis, pānis, collis*), *-ēs* (por ej. *nūbēs*), o sólo *-s:* esta *-s* acarrea algunos cambios en el tema, por ej. la caída de la *t* en *mōns* y *dēns* < *mont|s, dent|s*, gen. *mont|is, dent|is*. Los sustantivos sin terminación en nominativo son temas consonánticos, los sustantivos en *-is* eran originalmente temas en *-i*, pero las terminaciones se han asimilado a los temas consonánticos (sólo en el genitivo plural en *-ium* aparece a las claras la *-i*).

En este capítulo los sustantivos de la 3ª declinación son masculinos o femeninos, pero siendo las terminaciones iguales en los dos géneros no puedes determinar el género de tales sustantivos mientras no se hayan combinado con adjetivos de la 1ª/2ª declinación (como *albus -a -um*): las combinaciones *pāstor fessus, parvus collis, magnus mōns* y *ovis alba, magna vallis, multae arborēs* muestran que *pāstor, collis* y *mōns* son masculinos y que *ovis, vallis* y *arbor* son femeninos. En el margen el género está indicado por *m, f* y *n*.

En la sección GRAMMATICA LATINA encontrarás unos ejemplos de esas tres declinaciones. Aprovecha la ocasión para repasar las formas de *īnsula* (1ª declinación), *servus* y *verbum* (2ª declinación) y estudia luego la nueva 3ª declinación (ejemplos: *pāstor* y *ovis*).

En la frase *Ovēs herbam edunt* el verbo es un tema consonántico, como lo muestra la terminación del plural *-unt;* pero el singular es irregular: *Pāstor pānem ēst* (es sólo en latín tardío cuando la forma 'regular' *edit* aparece).
– Nota también el imperativo corto *dūc!* (tema solo, sin *-e*) del verbo *dūcit dūcunt*.

La conjunción de tiempo *dum* expresa la simultaneidad ('mientras'): *Dum pāstor in herbā dormit, ovis nigra... abit* (l. 39). Después de *expectat* toma el sentido de 'hasta que': *Ovis cōnsistit et exspectat dum lupus venit* (l. 69).

Unas nuevas preposiciones son *suprā* y *sub* (l. 25, 30); *suprā* gobierna el acusativo y *sub* el ablativo (cuando hay movimiento, *sub* gobierna el acusativo).

El pronombre demostrativo *ipse* se usa para insistir (como en español 'él mismo', 'ella misma'): *Ubi est lupus ipse?* (l. 55). Se declina como *ille* excepto el neutro en *-um* (y no en *-ud*): *ipse -a -um*.

Cuando *ad* e *in* entran en composición con *currit* y *pōnit* se transforman en *ac-* e *im-*: *ac-currit, im-pōnit*. Tal transformación, que hace una consonante idéntica o semejante a otra (*m* es una consonante labial como *p*), se llama asimilación (del latín *similis*, 'semejante', 'idéntico').

---

los casos: nom., ac., gen., dat., abl., voc.
1ª declinación
nom. *-a*, gen. *-ae*
2ª declinación
nom. *-us/-um*, gen. *-ī*
3ª declinación
    sing. plur.
nom. *-/-(i)s* *-ēs*
ac. *-em* *-ēs*
gen. *-is* *-(i)um*
dat. *-ī* *-ibus*
abl. *-e* *-ibus*

temas consonánticos:
gen. plur. *-um*
temas en *-i*:
gen. plur. *-ium*

sing. *ēst*
plur. *edunt*

dūcit:
imp. *dūc! dūc|ite!*

suprā + ac.
sub + abl. (ac.)

ipse -a -um

asimilación:
ad-c... > *ac-c...*
in-p... > *im-p...*

Capítulo 10

3ª delinación m./f.
leō leōn|is m.
homō homin|is m.
vōx vōc|is f.
pēs ped|is m.

nēmō < nē + homō

3ª declinación n.
flūmen flūmin|is
mar|e mar|is
animal animāl|is

las conjunciones
cum y *quod*

sing. *pot-est*
plur. *pos-sunt*

infinitivo: *-re*

infinitivo
activo   pasivo
vocā|re   *vocā|rī*
vidē|re   *vidē|rī*
pōn|ere   *pōn|ī*
audī|re   *audī|rī*

sing. *vult*
plur. *volunt*

impersonal:
necesse est (+ dat.)

amāre (< *amā|se*)
infinitivo *-se:*
es|se
ēs|se (< *ed|se*)

ablātīvus modī

En este capítulo están presentados nuevos sustantivos de la 3ª declinación. Algunos tienen una forma particular en nominativo singular: en *leō* una *-n* ha caído: gen. *leōn|is*, en *homō* esta caída se combina con un cambio de vocal: gen. *homin|is;* la terminación *-s* conlleva la grafía *-x* para *-cs* en *vōx:* gen. *vōc|is*, y la desaparición de la *d* en *pēs:* gen. *ped|is*. De ahora en adelante, encontraremos en margen el nominativo y el genitivo de los nuevos sustantivos.
— La negación *nē + homō* forma el pronombre *nēmō* ('nadie').

Encontrarás también los primeros sustantivos neutros de la 3ª declinación: *flūmen, mare, animal*, que en plural (nom./acc.) se terminan en *-a: flūmina, maria, animālia*. La declinación de estos sustantivos será tratada en el cap. 11.

En el grupo *Cum avis volat, ālae moventur* (l. 15) *cum* es una conjunción temporal (esp. 'cuando'). Y *quod* es una conjunción causal (=*quia*) en *Hominēs ambulāre possunt, quod pedēs habent* (l. 24).

El verbo *potest*, que aparece primero en la frase *Canis volāre nōn potest* (l. 21), expresa la capacidad (español 'es capaz de', 'puede'). Es un compuesto de *est: pot-est;* el primer elemento *pot-* (que significa 'capaz') se transforma en *pos-* por asimilación delante de *s: poṣ-sunt: Hominēs ambulāre poṣsunt* (l. 23).

Volāre y *ambulāre* son los primeros ejemplos de la forma básica del verbo que se llama infinitivo (lat. *īnfīnītīvus*) y que se termina por *-re*. En los temas en *-ā, -ē* e *-ī* (1ª, 2ª y 4ª conjugación) esta terminación se añade directamente al tema: *volā|re, vidē|re, audī|re*. En los temas consonánticos (3ª conjugación) una *e* breve se inserta antes de la terminación: *pōn|ere*. A partir de ahora, los nuevos verbos serán presentados en el margen en infinitivo, para que puedas siempre determinar la conjugación: 1. *-āre;* 2. *-ēre;* 3. *-ere;* 4. *-īre*.

La frase *Hominēs deōs vidēre nōn possunt* se vuelve en pasivo: *Deī ab hominibus vidērī nōn possunt*. *Vidērī* es el infinitivo pasivo que corresponde al activo *vidēre*. En pasivo los temas en *-ā,-ē* e *-ī* tienen la terminación *-rī* en el infinitivo, por ej. *vocā|rī, vidē|rī, audī|rī*, pero los temas consonánticos tienen únicamente *-ī*, por ej. *Sine pecūniā cibus emī nōn potest* (l. 62).

En este capítulo el infinitivo aparece como objeto de *potest possunt*, de *vult volunt*, verbo que marca la voluntad (*Iūlia cum puerīs lūdere vult, neque iī cum puellā lūdere volunt*, l. 75-76), y del verbo *audet audent* que marca la osadía (*avēs canere nōn audent*, l. 88). Además aparece como sujeto de la expresión impersonal *necesse est:* aquí la persona para quien es necesario hacer algo está en dativo (dativo de interés): *spīrāre necesse est hominī* (l. 58).

El objeto de los verbos de percepción, como *vidēre* y *audīre*, pueden combinarse con un infinitivo para expresar lo que uno ve u oye hacer alguien (inf. act.) o lo que es hecho a alguien (inf. pas.): *Puerī puellam canere audiunt* (l. 80); *Mārcus Quīntum ad terram cadere videt* (l. 104); *Aemilia fīlium suum ā Iūliō portārī videt* (l. 126); *Aemilia Quīntum in lectō pōnī aspicit* (l. 131).

La terminación original del infinitivo era *-se*; pero la *-s-* entre unas vocales se transformó en *-r-*, de modo que *-se* se volvió *-re* después de una vocal. En el infinitivo *esse* (de *est sunt*) y *ēsse* (de *ēst edunt*) la terminación *-se* se ha conservado, añadiéndose directamente a los temas *es-* y *-ed-: es|se* y (con asimilación *ds* > *ss*) *ēs|se*. Véase l. 109, 59 y 64 (en donde encuentras también el infinitivo pasivo *edī* de *ēsse*).

Además del medio y de la causa el ablativo puede expresar la manera (*ablātīvus modī*), por ej. *magnā vōce clāmat* (l. 112), *'leō' dēclīnātur hōc modō* (abl. de *modus -ī* m., 'modo', 'manera').

Capítulo 11

El arte de curar era naturalmente mucho más primitivo en el mundo antiguo que hoy en día, aunque todos los médicos de la antigüedad no eran tan incompetentes como el médico atareado que está asistiendo al pobre Quintus.

Entre los nombres de las partes del cuerpo hay varios sustantivos neutros de la 3ª declinación, por ej. *ōs, crūs, corpus, pectus, caput, cor, iecur.* Como todos los neutros estos sustantivos tienen la misma forma en nominativo y en acusativo, y en plural la terminación *-a*. En los otros casos tienen las terminaciones familiares de la 3ª declinación. Nota que una *-s* final se transforma en *r* cuando se le añade las terminaciones: *ōs ōr|is, crūs crūr|is, corpus corpor|is, pectus pector|is* (en los dos últimos y en *iecur iecor|is* la vocal que precede pasa de *u* a *o*). Las formas *caput capit|is* y *cor cord|is* son irregulares y *viscer|a -er|um* se encuentra solamente en plural. Estos sustantivos, como *flūmen -in|is*, son todos temas consonánticos y en plural hacen *-a* (nom./ac.) y *-um* (gen.). Ejemplos de temas en *-i*: *mare maris* y *animal animālis*, que hacen en plural *-ia* (nom./ac.) e *-ium* (gen.), y en ablativo singular *-ī.* Los modelos de declinación (o paradigmas) están presentados en la página 21.

3ª decl. neutro
sing. plur.
nom. - -*a*
ac. - -*a*
gen. -*is* -*um*
dat. -*ī* -*ibus*
abl. -*e* -*ibus*

plural (nom./ac., gen.):
temas cons.: -*a*, -*um*
temas en -*i*: -*ia*, -*ium*
abl. sing.:
temas cons: -*e*
temas en -*i*: -*ī*

En frases como *Iūlius puerum videt* y *Iūlius puerum audit* hemos visto que un infinitivo puede ser añadido al acusativo *puerum* para describir lo que hace el muchacho o lo que le ocurre, por ej. *Iūlius puerum vocāre audit* y *Iūlius puerum perterritum esse videt.* Tal grupo acusativo-infinitivo (lat. *accusātīvus cum īnfīnītīvō*), en el que el acusativo es lógicamente sujeto del infinitivo ('acusativo sujeto'), se emplea en latín no sólo con verbos de percepción, como *vidēre, audīre, sentīre*, sino con muchos verbos más, por ej. *iubēre (dominus servum venīre iubet)* y con *dīcere* y *putāre* (y otros verbos de declaración o de pensamiento) para relatar las palabras o los pensamientos de una persona de manera indirecta. Así las palabras del médico *"puer dormit"* son devueltas por Aemilia: *Medicus 'puerum dormīre' dīcit* (las comillas simples '...' marcan el discurso indirecto); y el terrible pensamiento que conmueve a Syra al ver a Quintus inconsciente se relata de este modo: *Syra eum mortuum esse putat* (l. 108). Se encuentra también el acusativo-infinitivo (acc. + inf.) con *gaudēre* (y con otros verbos que expresan un sentimiento): *Syra Quīntum vīvere gaudet* (l. 118, = *Syra gaudet quod Quīntus vīvit*) y con *necesse est* (y otros verbos impersonales): *necesse est puerum dormīre* (l. 148) (En español el discurso indirecto se traduce generalmente con una proposición introducida por 'que': 'dice/piensa/cree que...')

acusativo-infinitivo
(ac. + inf.) con
(1) *vidēre, audīre, sentīre*
(2) *iubēre*
(3) *dīcere*
(4) *putāre*
(5) *gaudēre*
(6) *necesse est*
M.: *"Puer dormit"*
M. *'puerum dormīre' dīcit .*
"..." = discurso directo
'...' = discurso indirecto

La conjunción *atque* tiene la misma función que *et* y *-que;* delante de una consonante, pero no delante de una vocal o *h-*, se encuentra la forma abreviada *ac* (véase el cap. 12, l. 59). Aquí (l. 54) encuentras la forma abreviada de *neque: nec;* se usa tanto delante de consonantes como delante de vocales.

atque (< *ad-que*) = *et*
ac (+ cons.) = *atque*
nec = *neque*

Como *ab* la preposición *dē* expresa el movimiento 'que procede de' (más bien 'desde arriba') y gobierna el ablativo: *dē arbore, dē bracchiō* (l. 53, 99).

dē (↓) prep. + abl.

El ablativo *pede* y *capite* in *Nec modo pede, sed etiam capite aeger est* (l. 55) precisa la aplicación del término *aeger* (cf. l. 131-132). Se le llama ablativo de punto de vista; contesta a la pregunta '¿bajo qué punto de vista?'

ablativo de punto de vista: *pede aeger*

El infinitivo de *potest possunt* es *posse*, como aparece cuando Aemilia expresa su mala opinión de la habilidad del médico: *Aemilia nōn putat medicum puerum aegrum sānāre posse* (l. 135).

ind. *potest possunt*
inf. *posse*

Al hablar con su marido de su hijo Aemilia dice *fīlius noster;* en el capítulo siguiente encontrarás varios ejemplos de los adjetivos posesivos *noster -tr|a -tr|um* y *vester -tr|a -tr|um* (español 'nuestro' y 'vuestro').

adjetivos posesivos:
noster -tra -trum
vester -tra -trum

Capítulo 12

Lo militar tenía un puesto importante en el mundo romano. Para encabezar el capítulo hay una estampa de un *mīles Rōmānus*. La palabra 'militar' está derivada de *mīles*, cuyo tema se termina por *-t*: gen. *mīlit|is* (como *pedes -it|is* y *eques -it|is*). Te enseñan aquí el armamento de un soldado romano y la disposición de un campamento del ejército romano: *castra*. Este sustantivo es un neutro plural; correlativamente lees *castra sunt*, *vāllum castrōrum* e *in castrīs* aunque se trata de un solo campamento. Como *līber|ī -ōrum*, *viscer|a -um* y *arm|a -ōrum* el sustantivo *castr|a -ōrum* es llamado *plūrāle tantum* ('sólo plural', cf. español 'vísceras').

plurale tantum: *castra -ōrum* n. pl.

dativo de posesión
+ *esse*

En la frase *Mārcō ūna soror est* (l. 6) *Mārcō* es un dativo. Se hubiera podido expresar la misma idea por *Mārcus ūnam sorōrem habet*, pero *ūna soror* es un nominativo, y el dativo *Mārcō* nos dice 'de quién' o 'para quién' hay una hermana. Este dativo de posesión con *esse* expresa a quién pertenece algo; cf. *Quod nōmen est patrī? Eī nōmen est Lūcius Iūlius Balbus* (l. 9-10).

los nombres de los romanos:
praenōmen
nōmen
cognōmen

Iūlius es un apellido: los miembros masculinos de la familia se llaman *Iūlius* y los miembros femeninos *Iūlia*. Además del apellido en *-ius* los varones romanos tienen un nombre, *praenōmen* (véase la lista en el margen de la pág. 86), y un sobrenombre, *cognōmen*, que es común a un ramo de la familia. El *cognōmen* es a menudo descriptivo del fundador de la familia, por ej. *Longus, Pulcher, Crassus*; *Paulus* significa 'pequeño' y *Balbus* 'tartamudo'.

4ª declinación
sing. plur.
nom. *-us* *-ūs*
ac. *-um* *-ūs*
gen. *-ūs* *-uum*
dat. *-uī* *-ibus*
abl. *-ū* *-ibus*

El sustantivo *exercitus* representa aquí la cuarta declinación (lat. *dēclīnātiō quārta*). Las formas están presentadas en las líneas 80–89: en singular el acusativo tiene *-um*, el genitivo *-ūs*, el dativo *-uī*, y el ablativo *-ū*; en plural el nominativo y el acusativo se terminan por *-ūs*, el genitivo por *-uum*, y el dativo y ablativo por *-ibus*. Los sustantivos de la 4ª declinación son normalmente masculinos, por ej. *exercitus, arcus, passus, equitātus*, etc.; *manus* es femenino (*duae manūs*)..

imperāre, pārēre + dat.

En las frases *Dux exercituī imperat* y *Exercitus ducī suō pāret* (l. 82) *exercituī* y *ducī* son dativos. Eso muestra que los verbos *imperāre* y *pārēre* rigen el dativo (la persona a quien se le manda y a quien se obedece está en dativo). Encontrarás pronto otros verbos que rigen el dativo.

adjetivos de la 3ª decl.
sing. m./f. n.
nom. *-is* *-e*
ac. *-em* *-e*
gen. *-is*
dat./abl. *-ī*
plur.
nom./ac. *-ēs* *-ia*
gen. *-ium*
dat./abl. *-ibus*

Todos los adjetivos aprendidos hasta ahora, por ej. *alb|us -a -um*, siguen la 1ª y la 2ª declinación: la 1ª en femenino (*alb|a*) y la 2ª en masculino y neutro (*alb|us, alb|um*) – algunos, como *niger -gr|a -gr|um* tienen *-er* y no *-us* en nom. sing. m., tal como *aeger, pulcher, ruber*, y los adjetivos posesivos *noster* y *vester* (cf. unos sustantivos como *liber -br|ī* y *culter -tr|ī*). Ahora encuentras adjetivos de la 3ª declinación, o sea *brevis, gravis, levis, trīstis, fortis* – y *tenuis* ya visto en el cap. 10. En masculino y femenino se declinan como *ovis*, excepto que en ablativo toman *-ī* (y no *-e*); en neutro se declinan como *mare* (en nom./ac. tienen *-e* en singular e *-ia* en plural). Así tenemos en el nominativo singular *gladius brevis, hasta brevis* y *pīlum breve*.

comparativo
sing. m./f. n.
nom. *-ior* *-ius*
ac. *-iōrem* *-ius*
gen. *-iōris*
dat. *-iōrī*
abl. *-iōre*
plur.
nom./ac. *-iōrēs* *-iōra*
gen. *-iōrum*
dat./abl. *-iōribus*

Una comparación como *Via Latīna nōn tam longa est quam via Appia* puede expresarse por: *Via Appia longior est quam via Latīna*. *Longior* es un comparativo (lat. *comparātīvus* de *comparāre*, 'comparar'). El comparativo se termina por *-ior* en masculino y en femenino y *-ius* en neutro (*gladius/hasta longior, pīlum longius*) y sigue la 3ª declinación: gen. *-iōr|is*, plur. nom./ac. *-iōr|ēs* (m./f.) e *-iōr|a* (n.); abl. sing. *-e* (y no *-ī*): *-iōr|e*.

genitivo partitivo

En *Prōvincia est pars imperiī Rōmānī* y *Membrum pars corporis est* (l. 64-65) el genitivo indica el conjunto del que se toma una parte (*pars part|is* f.). Se llama genitivo partitivo. Cf. el genitivo con *numerus*: *magnus numerus mīlitum*.

22

Las medidas de longitud romanas corrientes eran *pēs*, el 'pie' (29,6 cm) y *passus* = 5 *pedēs* (1,48 m); *mīlle passūs* (4ª declinación), la 'milla romana', es de 1,48 km. El plural de *mīlle* es *mīlia -ium* n., por ej. *duo mīlia* (2000), que es seguido por un genitivo partitivo: *duo mīlia pass*u*um; decem mīlia mīlit*u*m*. Las distancias largas eran dadas en *mīlia passuum* ('millas romanas'). Se usa el acusativo para indicar la extensión ('¿cuánto de largo?' '¿cuánto de alto?'), por ej. *Gladius du*ō*s ped*ē*s longus est*.

5 *pedēs* = 1 *passus*

mīlia + gen. plur.

Además de los temas consonánticos (como *pōn|ere, sūm|ere, dīc|ere*) la 3ª conjugación abarca unos verbos cuyo tema se termina por una *u* o una *i* breves. La flexión de temas en *u*, por ej. *flu|ere* y *metu|ere*, no difiere de la de los temas consonánticos. En los temas en *i*, la *i* se transforma en *e* delante de *r*, por ej. en el infinitivo: *cape|re, iace|re, fuge|re*, tema *capi-, iaci-, fugi-*, y en posición final: *cape! iace! fuge!* (imperativo); así los temas en *i*, ellos también, corresponden ampliamente a los temas consonánticos, pero se caracterizan por una *i* que precede las terminaciones vocálicas, por ej. *-unt: capi|- unt, iaci|unt, fugi|unt* (cf. *accipi*u*nt* y *aspici*u*nt*, inf. *accipere, aspicere*).

temas verbales en *u* e *i*

En el verbo *fer|re* la terminación de infinitivo *-re* se añade directamente al tema consonántico; lo mismo pasa para las terminaciones *-t* y *-tur: fer|t, fer|tur* (plur. *fer|unt, fer|untur*) y el imperativo no tiene *-e: fer!* (plur. *fer|te!*). Cf. el imperativo corto *dūc!* de *dūcere* (plur. *dūc|ite!*) Dos otros verbos de la 3ª conjugación, *dīcere* y *facere*, no tienen *-e* en el imperativo singular: *dīc! fac!* (plur. *dīc|ite, faci|te – facere* tiene un tema en *i: faci|unt*).

inf. *fer|re*
ind. *fer|t   fer|unt*
     fer|tur fer|untur
imp. *fer!   fer|te!*

imp. *dīc! dūc! fac! fer!*

Capítulo 13

Hoy en día seguimos utilizando el calendario romano, tal como fue reformado por Julio César en 46 a. de J.-C., con 12 meses y 365 (o 366) días. Antes de esta reforma, sólo cuatro meses, marzo, mayo, julio y octubre, tenían 31 días, febrero tenía 28, y los demás meses 29. Eso daba un total de 355 días. ¡Era pues necesario añadir un mes intercalar a intervalos!

el calendario romano

El sustantivo *diēs*, gen. *di*ē*ī*, representa aquí la quinta declinación (lat. *dēclīnātiō quīnta*). El paradigma completo está presentado en la página 101. Los sustantivos de la 5ª declinación tienen temas que se terminan por una *ē*, que se conserva delante de todas las terminaciones (breve en *-em*). El número de estos sustantivos es muy pequeño; la mayoría hacen *-iēs* en nominativo, como *diēs, merīdiēs, faciēs* y *glaciēs;* algunos tienen una consonante antes de *-ēs* (y *e* breve en gen./dat. sing. *-e*ī), por ej. *rēs*, gen. *re*ī ('cosa', 'hecho') que aparece en el capítulo siguiente. Los sustantivos de esta declinación son femeninos, excepto *diēs* (y *merī-diēs*) que es masculino (con unos sentidos particulares y en latín tardío es femenino).

5ª declinación
	sing.	plur.
nom.	-ēs	-ēs
ac.	-em	-ēs
gen.	-ēī/-eī	-ērum
dat.	-ēī/-eī	-ēbus
abl.	-ē	-ēbus

merī-diē < *medi-diē* (*mediō diē*)

Has aprendido ahora completamente las cinco declinaciones. La clasificación está fundada sobre la vocal final original del tema:

1ª declinación: temas en *-a*, por ej. *āl*a, gen. sing. *-ae*.
2ª declinación: temas en *-o*, por ej. *equus, ōvum* (<*equ*o*s, ōv*o*m*), gen. sing. *-ī*.
3ª declinación: temas en consonante y en *i*, por ej. *sōl, ovi*s, gen. sing. *-is*.
4ª declinación: temas en *-u*, por ej. *lac*u*s*, gen. sing. *-ūs*.
5ª declinación: temas en *-ē*, por ej. *di*ē*s, r*ē*s*, gen. sing. *-ēī/-eī*.

1ª decl.: temas en *-a*
  gen. *-ae*
2ª decl.: temas en *-o*
  gen. *-ī*
3ª decl.: temas en cons. y
  temas en *-i*
  gen. *-is*
4ª decl.: temas en *-u*
  gen. *-ūs*
5ª decl.: temas en *-ē*
  gen. *-ēī/-eī*

El sustantivo *māne* n. es indeclinable (l. 36-37; cf. cap. 14, l. 55).

Los nombres de meses son adjetivos: *mēnsis Iānuārius* etc., pero se emplean a menudo solos sin *mēnsis. Aprīlis* y *September, Octōber, November, December* son adjetivos de la 3ª declinación; por eso tienen ablativo en *-ī*: *(mense) Aprīl*ī*, Septembr*ī*, Octōbr*ī etc. Apunta: nom. sing. m. *-ber* (sin *-is*).

23

abl./ac. temporis
'¿cuándo?' abl.
'¿cuánto tiempo?' ac.

cardinales:
ūnus, duo, trēs...
ordinales:
prīmus, secundus,
tertius...

presente: est sunt
pretérito: erat erant

comparación (grados)
1. positivo:
   -us -a -um, -is -e
2. comparativo:
   -ior -ius -iōr|is
3. superlativo:
   -issim|us -a -um

marzo	todos
mayo	los
julio	demás
octubre	meses
1°	kalendae
5	nōnae
7 nōnae	
13	īdūs
15 īdūs	

a. d. = ante diem

nom. + inf. + dīcitur

ind. vult volunt
inf. velle

las conjunciones vel y
aut

Para expresar el 'tiempo en que' se emplea el ablativo (ablātīvus temporis): mēnse Decembrī, illō tempore, hōrā prīmā, hieme. El 'tiempo durante el que' (la duración) es expresado por el acusativo: centum annōs vīvere (l. 11).

Entre los adjetivos numerales latinos conoces ya los cardinales 1–10 (ūnus... decem) y los ordinales 1°–4° (prīmus, secundus, tertius, quārtus). Para contar los meses se necesitan los doce primeros ordinales: prīmus... duodecimus (Los ordinales se combinan con pars para formar las fracciones: ⅓ tertia pars, ¼ quārta pars, pero ½ dīmidia pars.)

En el calendario romano más antiguo marzo era el primer mes del año. Esto justifica los nombres September, Octōber, November, December que están evidentemente formados a partir de los numerales septem, octō, novem, decem. El quinto mes del antiguo calendario se llamaba Quīntīlis (de quīntus), pero después de la muerte de Julio César tomó el nuevo nombre de Iūlius en recuerdo suyo. En el año 8 a. de J.-C, el mes siguiente, que se llamaba Sextīlis (de sextus), recibió el nombre del emperador romano Augustus.

Las formas erat erant se emplean en lugar de est sunt cuando se trata del pasado. Compara las frases: Tunc (= illō tempore) Mārtius mēnsis prīmus erat y Nunc (= hōc tempore) Mārtius mēnsis tertius est. Erat erant es llamado el pretérito (o pasado) mientras que est sunt es el presente. El pretérito de otros verbos vendrá más adelante (a partir del cap. 19).

En el ejemplo Februārius brevior est quam Iānuārius se hace una comparación entre los dos meses: brevior es el comparativo de brevis. En la frase Februārius mēnsis annī brevissimus est febrero es comparado con todos los demás meses del año, entre los cuales ninguno es tan corto como febrero: brevissimus es el superlativo (lat. superlātīvus) de brevis.

Has aprendido ya los tres grados de comparación:
1. Positivo: long|us -a -um, brev|is -e.
2. Comparativo: longior -ius -iōr|is, brevior -ius -iōr|is.
3. Superlativo: longissim|us -a -um, brevissim|us -a -um.

Tres días en el mes tenían nombres particulares: kalendae el 1°, īdūs el 13, y nōnae el 5 (el día nono inclusivamente antes de īdūs); pero en marzo, mayo, julio y octubre (los cuatro meses que tenían originariamente 31 días) īdūs era el día 15 y nōnae en consecuencia el día 7. A estos nombres, que son femeninos plurales (īdūs -uum 4ª decl.), se añaden los nombres de meses como adjetivos. Así, el 1° de enero es kalendae Iānuāriae, el 5 de enero nōnae Iānuāriae y el 13 de enero īdūs Iānuāriae. Las fechas se dan en el ablātīvus temporis, por ej. kalendīs Iānuāriīs 'el 1° de enero', e īdibus Mārtiīs 'el 15 de marzo'.

Las otras fechas se indicaban calculando el número de días antes de las kalendae, nonae o īdūs siguientes. El 21 de abril (nacimiento de Roma) es el día 11 antes de kalendae Maīae (inclusivamente); tendría que ser pues diēs ūndecimus ante kalendās Māiās, pero estando colocado ante de manera ilógica en primer lugar, se vuelve ante diem ūndecimum kalendās Māiās (abreviado en a. d. XI kal. Māi.).

Nota el pasivo dīcitur con el infinitivo (l. 52): lūna 'nova' esse dīcitur (nom. + inf.; cf. ac.+ inf. lūnam 'novam' esse dīcunt;, 'dicen que...'). Otras veces dīcitur = nōminātur ('se llama', por ej. l. 53, 64, 69, 72...).

El infinitivo de vult volunt tiene la forma irregular velle, como se deduce del acc. + inf. en Aemilia puerum dormīre velle putat (l. 140). La conjunción vel es originariamente el imperativo de velle; implica una libre elección entre dos expresiones o posibilidades: hōra sexta vel merīdiēs (l. 43) – a la diferencia de aut, que expresa una alternativa exclusiva: XXVIII aut XXIX diēs (l. 28).

Capítulo 14

Al amanecer Marcus es sacado de su sueño matinal por Davus, que cuida también de que se lave cuidadosamente antes de vestir la *tunica* y la *toga*, prendas que eran el signo de los hombres y de los muchachos romanos de estirpe libre.

Entre las palabras nuevas de este capítulo tienes que prestar una atención particular a *uter, neuter, alter* y *uterque*. Estos pronombres sólo se emplean cuando se trata de <u>dos</u> personas o cosas. *Uter utra utrum* es el pronombre interrogativo usado cuando sólo hay una alternativa ('¿cuál de los dos?'), por ej. *Uter puer, Mārcusne an Quīntus?* (la conjunción *an*, y no *aut*, está colocada entre los dos en cuestión). La respuesta puede ser:
1. *neuter -tra -trum* ('ni el uno ni el otro'), por ej. *neuter puer, nec M. nec Q.*
2. *alter -era -erum* ('el uno'/'el otro'), por ej. *alter puer, aut M. aut Q.*
3. *uter- utra- utrum-que* ('cada uno de los dos'), por ej. *uterque puer, et M. et Q.*

Allí donde el español prefiere el plural ('ambos/los dos chicos'), el latín tiene el singular: *uterque puer*. Aunque hay dos sujetos separados por *neque ... neque, aut... aut* o *et... et*, el verbo está en singular, como en *et pēs et caput eī dolet* (l. 3) y *nec caput nec pēs dolet* (l. 66). La regla general es que dos sujetos o más conllevan el plural del verbo si designan a <u>personas</u>, pero si los sujetos son <u>cosas</u> el verbo concuerda con el sujeto más cerca, como en *pēs et caput eī dolet* (l. 64). – Nota aquí el dativo *eī*, que es llamado <u>dativo de interés</u> (lat. *datīvus commodī*); designa a la persona que está concernida, a quien se le hace bien o a quien se le hace daño; cf. la frase *Multīs barbarīs magna pars corporis nūda est* (l. 77).

El ablativo de *duo duae duo* es: masculino y neutro *duōbus* (*ē duōbus puerīs*) y femenino *duābus* (*ē duābus fenestrīs*).

En la página 104 se introduce una nueva forma del verbo, llamada <u>participio</u> (lat. *participium*) con la terminación *-(ē)ns: puer dormiēns = puer quī dormit, puer vigilāns = puer quī vigilat*. El participio es un <u>adjetivo</u> de la 3ª declinación: *vigilāns*, gen. *-ant|is, dormiēns*, gen. *-ent|is* (*-ns* también en neutro nom./ac. sing.: *caput dolēns*), pero asume funciones verbales, por ej. puede tener un objeto en acusativo: *Dāvus cubiculum intrāns interrogat...* (l. 25). Esta forma, que es en parte un verbo en parte un adjetivo, se llama <u>participium</u> (< *pars partis*). Como forma verbal el participio tiene *-e* en ablativo singular, por ej. *Parentēs ā fīliō intrante salūtantur* (l. 91) – sólo cuando se usa como simple adjetivo tiene *-ī*.

Mihi y *tibi* son los dativos que corresponden a los acusativos *mē* y *tē*: *"Affer mihi aquam!"* y *"Dā mihi tunicam!"* dice Quintus (l. 43, 71); Marcus dice: *"Mihi quoque caput dolet!"* y oye que Davus le dice: *"Tibi nec caput nec pēs dolet!"* (l. 65-66, dativo de interés, cf. l. 64, 86, 103). El ablativo de estos pronombres es igual que el acusativo: *mē, tē*. Estos ablativos se ponen como prefijos de la preposición *cum*: *mē-cum, tē-cum;* igualmente *sē-cum*: *Dāvus eum sēcum venīre iubet: "Venī mēcum!"* (l. 87).

El verbo *inquit*, '(él/ella) dice', se inserta después de una o varias palabras del discurso directo: *"Hōra prīma est" inquit Dāvus, "Surge ē lectō!"* (l. 40); *Fīlius ā patre discēdēns "Valē, pater!" inquit* (l. 129). Es un verbo <u>defectivo</u> que no se encuentra más que en indicativo.

Lo contrario de *nūllus* es *omnis -e* ('todo'), las más de las veces en plural *omnēs -ia*. Empleado sin sustantivo el plural *omnēs* ('todos') es lo contrario de *nēmō* ('nadie') y el neutro plural *omnia* ('todo') es lo contrario de *nihil* ('nada').

pregunta:
uter utra utrum?
A-ne an B?
respuesta:
neuter -tra -trum:
  nec A nec B
alter -era -erum:
  aut A aut B
uter- utra- utrum-que:
  et A et B

uterque sing.

dativo de interés

	m./f.	n.
nom.	duo	duae
abl.	duōbus	duābus

participio
	sing.	m./f.	n.
	nom	-ns	-ns
	ac.	-ntem	-ns
	gen.	-ntis	
	dat.	-ntī	
	abl.	-nte/-ntī	
	plur.		
	nom./ac.	-ntēs	-ntia
	gen.	-ntium	
	dat./abl.	-ntibus	

ac.	mē	tē
dat.	mihi	tibi
abl.	mē	tē

mē-cum
tē-cum
sē-cum

"...." *inquit* "....."

omnis -e ↔ *nūllus*
omnēs ↔ *nēmō*
omnia ↔ *nihil*

Capítulo 15

las escuelas romanas

Roma no tenía enseñanza pública. Los padres que tenían los recursos necesarios enviaban a sus hijos pequeños a una escuela elemental privada, *lūdus*. Era dirigida por un *lūdī magister*, que les enseñaba a los niños a leer, escribir y contar. Seguimos ahora a Marcus en la escuela.

1ª persona (1.)
2ª persona (2.)
3ª persona (3.)

Gracias al diálogo entre el maestro y sus alumnos te enteras de que el verbo tiene distintas terminaciones según uno habla de sí mismo (1ª persona), uno se dirige a otra persona (2ª persona) o cuando uno habla de alguien más (3ª persona). Cuando Titus dice *"Mārcus meum librum habet"* el maestro le pregunta a Marcus: *"Quid (= cūr) tū librum Titī habēs?"* y él contesta *"Ego eius librum habeō, quod is meum mālum habet"* (l. 85–88). De allí se destaca que en singular la 1ª persona del verbo se termina por *-ō* (habe|ō), la 2ª por *-s* (habē|s), y la 3ª, como lo sabes, por *-t* (habe|t). En plural la 1ª persona se termina por *-mus*, la 2ª por *-tis*, y la tercera por *-nt*. Dirigiéndose a Sextus y Titus, Marcus dice: *"Vōs iānuam nōn pulsātis, cum ad lūdum venītis"* (l. 51-52) y ellos contestan: *"Nōs iānuam pulsāmus, cum ad lūdum venīmus"* (l. 55). Así *pulsā|mus*, *venī|mus* están en 1ª persona del plural, y *pulsā|tis*, *venī|tis* en 2ª persona del plural. Los ejemplos de la página 112 (l. 45–58) y de la sección GRAMMATICA LATINA muestran cómo se añaden a los diversos temas estas terminaciones personales. Nota que *ā* desaparece delante de *-ō*: *pulsā|ō* (tema *pulsā-*) y que en los temas consonánticos una *i* breve está insertada antes de *-s*, *-mus* y *-tis* tanto como delante de *-t*: *dīc|i|s*, *dīc|i|mus*, *dīc|i|tis* (tema *dīc-*). Se incluye en la 3ª conjugación el verbo *facere*, como ejemplo de verbo cuyo tema se termina por una *i* breve que aparece delante de las terminaciones *-ō* y *-unt*: *faciō*, *faciunt*. Otros verbos de este tipo que ya has encontrado: *accipere, aspicere, capere, fugere, iacere, incipere, parere*.

terminaciones personales
sing.   plur.
1. -ō   -mus
2. -s   -tis
3. -t   -nt (-unt)

3ª conjugación
sing.   plur.
1. -ō   -imus
2. -is   -itis
3. -it   -unt

faci|ō faci|unt

pronombres personales
nominativo
sing.   plur.
1. ego   nōs
2. tū   vōs

En los ejemplos siguientes los verbos están precedidos de pronombres personales en nominativo: *ego*, *tū* (1ª y 2ª pers. del sing.) y *nōs*, *vōs* (1ª y 2ª pers. del plur.). Pero estos pronombres sólo se usan cuando se insiste sobre el sujeto; normalmente la terminación personal basta para mostrar de qué persona se trata, como en la pregunta del maestro a Titus: *"Cūr librum nōn habēs?"* y su respuesta: *"Librum nōn habeō, quod..."* (l. 38-39). El acusativo de *ego* y *tū* es *mē* y *tē*, pero *nōs* y *vōs* son iguales en el acusativo: *"Quid nōs verberās, magister?"* *"Vōs verberō, quod..."* (l. 119-120). – El genitivo de los pronombres personales, que falta, es sustituido por los adjetivos posesivos: *me|us -a -um*, *tu|us -a -um* (1ª y 2ª pers. del sing.), *noster -tr|a -tr|um*, *vester -tr|a -tr|um* (1ª y 2ª pers. del plur.).

adjetivos posesivos
sing.   plur.
1. meus   noster
2. tuus   vester

esse
sing.   plur.
1. sum   sumus
2. es   estis
3. est   sunt

El verbo *esse* es irregular. A la 3ª persona *est* y *sunt* corresponden la 1ª persona *sum* y *sumus* y la 2ª *es* y *estis*: *"Cūr tū sōlus es, Sexte?"* *"Ego sōlus sum, quod..."* (l. 20-21); *"Ubi estis, puerī?"* *"In lūdō sumus"* (l. 113-114). El verbo *posse* y otros compuestos de *esse* presentan las mismas formas irregulares: *pos-sum, pot-es, pos-sumus, pot-estis*.

Q.: *"(Ego) aeger sum"*
Q. *'sē aegrum esse'*
dīcit

Las palabras de Quintus: *"Ego aeger sum"* son relatadas por Marcus: *Quīntus dīcit 'sē aegrum esse'* (l. 82). Cuando se relata en acusativo-infinitivo lo que una persona dice en 1ª persona, el acusativo sujeto es el reflexivo *sē*. Cf. *Dāvus eum sēcum venīre iubet: "Venī mēcum!"* (cap. 14, l. 87).

ac. de exclamación

El acusativo se emplea en las exclamaciones como la del maestro: *"Ō, discipulōs improbōs!"* (l. 23). En las exclamaciones que se dirigen a unas personas presentes se emplea el vocativo: *"Ō improbī discipulī!"* (l. 101).

verbo impersonal:
licet (+ dat.)

El verbo *licet* ('está permitido', 'se puede') es impersonal, empleado sólo en la 3ª persona del singular. A menudo se combina con un dativo: *mihi licet*.

Capítulo 16

Cuando navegaba por alta mar el marinero romano debía de día ajustar el rumbo sobre el sol y de noche sobre las estrellas. Por lo tanto el este y el oeste se nombran en latín según el amanecer y el ocaso, *oriēns* y *occidēns*, y la palabra para 'mediodía', *merīdiēs*, significa también 'sur', mientras la palabra para 'norte' es el nombre de la constelación *septentriōnēs (septem triōnēs)*, los 'siete bueyes de arar', o sea 'la Osa Mayor'.

Muchos verbos nuevos de este capítulo se encuentran sólo en pasivo (inf. *-rī, -ī*, 3ª pers. *-tur, -ntur*), por ej. *laetārī, verērī, sequī, orīrī*. Estos verbos no tienen formas activas (excepto las formas que no se encuentran en pasivo, como el participio en *-ns*). Se llaman verbos deponentes (lat. *verba dēpōnentia*): verbos que 'deponen', 'depositan' la forma activa (lat. *dē-pōnere*, 'deponer', 'depositar'). Para el sentido, se conforman con los verbos activos: tienen forma pasiva pero sentido activo: *laetārī* = *gaudēre; opperīrī* = *exspectāre; nauta Neptūnum verētur* = *timet; ventō secundō nāvēs ē portū ēgrediuntur* = *exeunt*.

En el último ejemplo, el ablativo *ventō secundō* nos dice en qué circunstancias los barcos se largan ('con un viento suave', 'cuando el viento es favorable'). Es semejante función la que tienen los ablativos en la frase: *Nautae nec marī turbidō nec marī tranquillō nāvigāre volunt*. Este empleo del ablativo, que muchas veces se puede traducir al español por una proposición de tiempo, es llamado ablativo absoluto (lat. *ablātīvus absolūtus*, 'absuelto', porque no tiene lazo gramatical con el resto de la frase). Es muy corriente con un participio: *Sōle oriente nāvis ē portū ēgreditur multīs hominibus spectantibus* (l. 64-65; español: 'al salir el sol'... 'cuando mucha gente observa'). Incluso dos sustantivos pueden constituir un ablativo absoluto: *Sōle duce nāvem gubernō* (l. 94; 'siendo el sol mi guía', 'con el sol como guía').

Los términos de cantidad, como *multum* y *paulum*, están a menudo seguidos por un genitivo partitivo para expresar 'de qué cosa' hay cierta cantidad, por ej. *paulum/multum aquae* (l. 9, 117), *paulum cibī nec multum pecūniae* (l. 61-62), *paulum temporis* (l. 108 margen). Cf. el genitivo partitivo con *numerus* y *mīlia*, por ej. *magnus numerus ovium; duo mīlia equitum*. El capítulo empieza: *Italia inter duo maria interest, quōrum ūnum 'mare Superum' appellātur; quōrum* (= *ex quibus*) es el genitivo partitivo del pronombre relativo.

Multō y *paulō*, ablativos de *multum* y *paulum*, sirven para reforzar o atenuar un comparativo: *Nāvis paulō levior fit, simul vērō flūctūs multō altiōrēs fīunt* (l. 123-124). Estos ablativos se encuentran también delante de *post* y *ante* para indicar la diferencia de tiempo: *paulō post; paulō ante* (l. 91, 148); cf. el ablativo en los grupos *annō post; decem annīs ante* (cap. 19, l. 83, 123).

El ablativo de *locus* puede emplearse sin *in* para indicar el lugar ('en donde'): *eō locō* (l. 16) = *in eō locō*. En la expresión *locō movēre* (l. 140) el ablativo marca el movimiento 'procedente de' (= *ē locō*): ablativo de separación.

El sustantivo *puppis -is* (f.) es un puro tema en *-i* que tiene el acusativo singular en *-im* y el ablativo en *-ī* (l. 41, 67). Muy pocos temas en *-i* se declinan de tal modo, por ej. el nombre del río *Tiberis -is* m. (l. 7, 9).

Los sustantivos de la 1ª declinación (en *-a -ae*) son femeninos, excepto unos pocos que designan a personas masculinas y que por consiguiente son masculinos, por ej. *nauta: nauta Rōmānus*.

Son irregulares las formas verbales *eō* de *ī|re* (cf. *eunt*) y el infinitivo *fi|erī* (3ª persona *fi|t fi|unt*). Este verbo le sirve de pasivo a *facere* (véase cap. 18); unido a un adjetivo, toma el sentido de 'volverse': *mare tranquillum fit* (l. 98); *flūctūs multō altiōrēs fīunt* (l. 124).

---

verbos deponentes
forma pasiva:
inf. *-rī, -ī*
3ª pers.: *-tur, -ntur*
sentido activo:
laetārī = *gaudēre*
verērī = *timēre*
ēgredī = *exīre*
opperīrī = *exspectāre*

ablativo absoluto: 'en qué circunstancias'

sustantivo + adjetivo

sustantivo + participio

sustantivo + sustantivo

multum, paulum
+ gen. partitivo

multō	*-ior -ius*
paulō	*ante*
	post

ablativo de separación:
locō movēre

nom. *puppis*
ac. *puppim*
abl. *puppī*

nauta -ae m.

ī|re: e|ō, e|unt
fi|erī: fi|t, fi|unt

27

Capítulo 17

monedas romanas
as assis m.
sēstertius (HS) = 4 *assēs*
dēnārius = 4 *sēstertiī*
aureus = 25 *dēnāriī*
sēmis -issis m. (*sēs-*)
= ½ *as*

cardinales:
30, 40, 50, 60, 70, 80, 90:
-*gintā*

11–17: -*decim*
18/19: *duo-/ūn-dē-xx*
28/29: *duo-/ūn-dē-xxx*
38/39: *duo-/ūn-dē-xL*
etc.

200, 300, 600: -*cent|ī*
400, 500, 700, 800,
900: -*gent|ī*

ordinales:
20°–90°, 100°–1000°:
-*ēsim|us*

pasivo
terminaciones personales
  sing. plur.
1. -or -mur
2. -ris -minī
3. -tur -ntur
3ª conjugación
  sing. plur.
1. -or -imur
2. -eris -iminī
3. -itur -untur

da|re: tema *da-*

Para enseñar la aritmética a sus alumnos el maestro se vale de monedas. Las monedas romanas corrientes eran el *as* (*assis* m.), de cobre, el *sēstertius*, de latón, el *dēnārius*, de plata – y el *aureus*, de oro (cap. 22, l. 108). 1 *sēstertius* valía 4 *assēs*, 1 *dēnārius* 4 *sēstertiī* y 1 *aureus* 25 *dēnāriī*. Hasta el año 217 a. de J.-C. el *sēstertius* era una pequeña moneda de plata que valía 2½ *assēs*, de allí la abreviación IIS (s = *sēmis* ½), que se volvió HS.

Para poder contar hasta cien tienes que aprender los múltiples de diez. Con excepción de 10 *decem* y 20 *vīgintī*, se terminan todos por -*gintā*: 30 *trīgintā*, 40 *quadrāgintā*, 50 *quīnquāgintā*, etc. Los números intermediarios se forman combinando las decenas y las unidades con o sin *et*, por ej. 21 *vīgintī ūnus* o *ūnus et vīgintī*, 22 *vīgintī duo* o *duo et vīgintī*, etc. Los cardinales 11-17 se terminan por -*decim*, forma reducida de *decem*: 11 *ūn-decim*, 12 *duo-decim*, 13 *trē-decim* hasta 17 *septen-decim*; pero 18 se dice *duo-dē-vīgintī* y 19 *ūn-dē-vīgintī* ('veinte menos dos' y 'veinte menos uno'); del mismo modo 28 y 29 se dice *duo-dē-trīgintā* y 29 *ūn-dē-trīgintā*. Así los dos últimos números antes de cada decena se expresan quitándole respectivamente 2 y 1 a dicha decena.

La mayoría de los cardinales latinos son indeclinables – como *quot*, interrogativo que hace la pregunta sobre el número ('¿cuántos/-as?') y *tot*, demostrativo que remite al número ('tantos/-as'). Entre los cardinales 1–100 sólo *ūn|us -a -um, du|o -ae -o* y *tr|ēs -ia* se declinan. Has visto la mayor parte de las formas de estos números (el genitivo, *ūn|īus, du|ōrum -ārum -ōrum* y *tr|ium* está presentado en el cap. 19).

Los múltiples de cien *centum* se terminan por -*centī* (200, 300, 600) o -*gentī* (400, 500, 700, 800, 900) y se declinan como adjetivos de la 1ª/2ª declinación: 200 *du-cent|ī -ae -a*, 300 *tre-cent|ī -ae -a*, 400 *quadringent|ī -ae -a*, etc.

Los ordinales son adjetivos de la 1ª/2ª declinación; a partir de las decenas 20°–90° y de las centenas 100°–1000° se forman con el sufijo -*ēsim|us -a -um*: 20° *vīcēsimus*, 30° *trīcēsimus*, 40° *quadrāgēsimus*, etc., y 100° *centēsimus*, 200° *ducentēsimus* hasta 1000° *mīllēsimus* (cuadro pág. 308).

La frase activa *Magister Mārcum nōn laudat, sed reprehendit* se torna en pasivo *Mārcus ā magistrō nōn laudātur, sed reprehenditur*. Marcus le pregunta a su maestro: "*Cūr ego semper ā tē reprehend__or__, numquam laud__or__?*" y el maestro contesta: "*Tū ā mē nōn laudā__ris__, quia numquam rēctē respondēs. Semper prāvē respondēs, ergō reprehend__eris__!*" (l. 63–68). *Laud|or, reprehend|or* y *laudā|ris, reprehend|eris* son las formas pasivas de las 1ª y 2ª personas del singular; en plural la 1ª persona es *laudā|mur, reprehend|imur* (Sextus dice de sí mismo y de Titus: "*Nōs ā magistrō laudā__mur__, nōn reprehend__imur__*, l. 75-76) y la 2ª persona *laudā|minī, reprehend|iminī*. Los ejemplos de la sección GRAMMATICA LATINA muestran cómo las terminaciones personales pasivas -*or, -mur* (1ª pers.), -*ris, -minī* (2ª pers.) y -*tur, -ntur* (3ª pers.) se añaden a los diversos temas verbales. Nota la -*i*- inserta delante de -*mur* y -*minī* en los temas consonánticos (*merg|imur, merg|iminī*, tema *merg*-); delante de -*ris* se inserte una -*e*- breve (*merg|eris*), tanto como delante del -*re* del infinitivo (*merg|ere*).

Nota los <u>dos acusativos</u> con *docēre: Magister puerōs numerōs docet* (l. 2).

El tema del verbo *da|re* se termina por una *a* breve: *da|mus, da|tis, da|tur, da|te*! etc. excepto en *dā, dās, dāns* (delante de *ns* las vocales se hacen largas).

Las formas *rēctē, prāvē, stultē, aequē* están formadas a partir de los adjetivos *rēctus, prāvus, stultus, aequus;* se tratará de esta formación en el cap. 18.

Capítulo 18

En el período clásico, la ortografía latina ofrecía una imagen generalmente fiable de la pronunciación. En ciertos casos, sin embargo, se seguía escribiendo unas letras que ya no se pronunciaban en el latín hablado, por ej. *h-*, *-m* en las finales átonas *-am*, *-em*, *-um* y *n* delante de *s*. Un índice de este hecho es la aparición de "faltas de ortografía" en unas antiguas inscripciones redactadas por gente sin formación literaria, por ej. ORA para HORAM, SEPTE para SEPTEM y MESES para MENSES. En el corto ejercicio que el maestro les da a los alumnos, Marcus comete muchos errores de este tipo.

El pronombre demostrativo *īdem eadem idem* (l. 21, 22, 33, 'el mismo') es un compuesto, cuyo primer elemento es el pronombre *is ea id;* el añadido del sufijo *-dem* acarrea el cambio de *is-dem* en *īdem* y *eum-dem*, *eam-dem* en *eun-dem*, *ean-dem* (l. 34, por asimilación, siendo *n* una consonante dental como *d*, cf. *septendecim*). El pronombre *quis-que quae-que quod-que* ('cada') se declina como el pronombre interrogativo con el añadido de *-que*.

īdem < *is-dem*
eundem < *eum-dem*
eandem < *eam-dem*

quis- quae- quod-que

Los adjetivos en *-er*, por ej. *piger*, forman superlativos en *-errim|us -a -um* (en vez de *-issim|us*). En este capítulo encuentras *pulcherrim|us* y *pigerrim|us* (l. 73, 84), en el siguiente *miserrim|us* y *pauperrim|us* de *miser* y *pauper* (cap. 19, l. 98, 128). El superlativo de *facilis* es *facillim|us* (l. 102).

adjetivo
-er, sup. *-errim|us*

facil|is, sup. *-illim|us*

En la frase *puer stultus est*, *stultus* es un adjetivo que califica el sustantivo *puer*. En la frase *puer stultē agit* la palabra *stultē* se refiere al verbo *agit* al que califica: describe la manera como el muchacho actúa; tal palabra se llama adverbio (lat. *adverbium* de *ad verbum*). Del mismo modo, en la frase *mīles fortis est quī fortiter pugnat*, *fortis* es un adjetivo (que califica *mīles*) y *fortiter* es un adverbio (que califica *pugnat*). Los adjetivos de la 1ª/2ª declinación, por ej. *stult|us -a -um*, *rēct|us -a -um*, *pulcher -chr|a*, *-chr|um*, forman adverbios en *-ē: stultē*, *rēctē*, *pulchrē* (*bene* y *male* son formaciones irregulares sobre *bonus* y *malus*). Los adjetivos de la 3ª declinación, por ej. *fort|is -e*, *brev|is -e*, *turp|is -e*, forman adverbios en *-iter: fortiter*, *breviter*, *turpiter*. Ejemplos: *"Pulchrē et rēctē scrībis"* (l. 69); *"Nec sōlum prāvē et turpiter, sed etiam nimis leviter scrībis"* (l. 106); *"Magister breviter respondet* (l. 134).

adverbio
adjetivo   adverbio
-us -a -um   *-ē*
-is -e   *-iter*

Ciertos adverbios, por ej. *certē*, califican toda una frase, como *Certē pulcherrimae sunt litterae Sextī* (l. 73). Otros se refieren a un adjetivo, como *aequē* en este comentario del maestro: *"Litterae vestrae aequē foedae sunt"* (l. 78).

El maestro sigue: *"Tū, Tite, neque pulchrius neque foedius scrībis quam Mārcus"* y Titus contesta: *"At certē rēctius scrībō quam Mārcus."* Estos ejemplos muestran el comparativo del adverbio terminado por *-ius: pulchrius*, *foedius*, *rēctius* (el neutro del comparativo del adjetivo, empleado como adverbio). Luego viene la exhortación del maestro: *"Comparā tē cum Sextō, quī rēctissimē et pulcherrimē scrībit"* (l. 85). El superlativo del adverbio en *-issimē* (*-errimē*) se forma regularmente sobre el superlativo del adjetivo.

adverbio
comparativo: *-ius*
superlativo: *-issimē*
-(err)imē

Los adverbios numerales se forman con *-iēs* ('veces'): *quīnquiēs* 5×, *sexiēs* 6×, *septiēs* 7×, etc.; sólo los cuatro primeros tienen formas especiales: *semel* 1×, *bis* 2×, *ter* 3×, *quater* 4×. Sobre *quot* y *tot* están formados *quotiēs* y *totiēs*.

adverbio numeral: *-iēs* [×]
(pregunta: *quotiēs?*)

El verbo *facere* no tiene forma pasiva, sino que *fierī* le sirve de pasivo a *facere*: *Vōcālis syllabam facit: sine vōcalī syllaba fierī nōn potest* (l. 25). Los compuestos de *facere* terminados por *-ficere*, por ej. *ef-ficere*, se emplean en pasivo: *stilus ex ferrō efficitur* (= *fit*).

activo: *facere*
facit, faciunt
pasivo: *fierī*
fit, fīunt

La conjunción *cum* puede servir para introducir un suceso repentino, como en este ejemplo: *Titus sīc incipit: "Magister! Mārcus bis..."* – *cum Mārcus stilum in partem corporis eius mollissimam premit!* (l. 128-129).

Capítulo 19

Sin que los molesten sus ruidosos hijos, Julius y Aemilia se pasean de un lado a otro bajo el magnífico peristilo que está adornado con estatuas de dioses y diosas.

Iuppiter Iov|is (= Zeus)
Iūnō -ōnis (= *Hēra*)
Venus -eris (=*Aphrodītē*)
Cupīdō -inis (= *Eros*)

comparación irregular:
magnus māior māximus
parvus minor minimus
bonus melior optimus
malus pēior pessimus
multī plūrēs plūrimī

superlativo + genitivo partitivo

superlativo absoluto

Entre los nombres de los dioses apunta el del dios supremo, *Iuppiter Iov|is;* el tema es *Iov-* (que significa 'cielo') y la forma larga del nominativo se debe al añadido de *pater* reducido a *-piter*. Los dioses romanos estaban identificados a los griegos, por ej. *Iuppiter* a *Zeus*, su mujer *Iūnō -ōnis* a *Hera, Venus -eris,* diosa del amor, a *Afrodita*, y su hijo *Cupīdō -inis* ('deseo') a *Eros*.

Iuppiter tenía el título honorífico de *Optimus Māximus*, superlativos de *bonus* y *magnus*. Los grados de comparación de estos adjetivos y de sus contrarios *malus* y *parvus* son completamente irregulares: véase l. 13–16, 25–30, 36–37. Así los grados de *multī* son: comp. *plūrēs*, sup. *plūrimī* (l. 52, 54).

El superlativo está a menudo vinculado a un genitivo partitivo. Julius llama a su mujer *optimam omn<u>ium</u> fēmin<u>ārum</u>* (l. 30), Venus está descrita como *pulcherrima omn<u>ium</u> de<u>ārum</u>* y Roma como *urbs māxima et pulcherrima tōt<u>īus</u> imperi<u>ī</u> Rōmān<u>ī</u>*. Sin tal genitivo el superlativo expresa muchas veces un grado muy alto (<u>superlativo absoluto</u>): por ej. Julius y Aemilia se llaman mutuamente *mea <u>optima</u> uxor* y *mī <u>optime</u> vir* (l. 90, 94), y Julius, que enviaba *flōrēs pulcherrimōs* a Aemilia, llama a su antiguo rival *vir <u>pessimus</u>* (l. 78, 110; cf. l. 107, 128, 129).

neque ūllus ('y ninguno')

nūllus, ūllus, tōtus, sōlus,
ūnus: gen. *-īus,* dat. *-ī*

Como lo sabes, la conjunción *et* no se coloca delante de *nōn*, ni tampoco delante de *nūllus:* en vez de *'et nūllus'* encuentras *neque ūllus* (véase l. 14 y 27). El pronombre *ūll|us -a -um* ('alguno') se declina como *nūll|us:* gen. *-īus* y dativo *-ī* en singular; *tōt|us, sōl|us* y *ūn|us* se declinan del mismo modo (véase l. 32 y 58).

genitivo de calidad:
puer septem ann<u>ōrum</u>

¿Qué edad tienen los hijos? *Mārcus octō annōs habet; Quīntus est puer septem annōrum* (l. 33). Tal genitivo, que sirve para describir la calidad de un sustantivo, se llama <u>genitivo de calidad</u> (lat. *genetīvus quālitātis*). Del joven Julius nos dicen: *adulēscēns vīgintī du<u>ōrum</u> annōrum erat* (l. 39-40).

El último ejemplo tiene *erat* y no *est*, porque era hace diez años. Llevándote así hacia atrás, te enseñamos las formas verbales empleadas cuando se describen unos sucesos del pasado. Compara las dos frases *Nunc Iūlius Aemiliam ama<u>t</u>* y *Tunc Iūlius Aemiliam amā<u>bat</u>*. La forma *amābat* es el <u>pretérito</u> (o <u>pasado</u>, lat. *tempus praeteritum*) del verbo *amāre*, distinto de *amat*, que es el <u>presente</u> (lat. *tempus praesēns*). El pretérito que aparece en este capítulo marca un estado pasado de las cosas o una acción que estaba cumpliéndose (no acabada) o que se repetía; este pretérito se llama <u>imperfecto</u> (lat. *praeteritum <u>imperfectum</u>*, 'pasado inacabado').

pasado o <u>pretérito</u>

presente y pretérito

imperfecto
activo
sing. 1. *-(ē)ba|m*
2. *-(ē)bā|s*
3. *-(ē)ba|t*
plur. 1. *-(ē)bā|mus*
2. *-(ē)bā|tis*
3. *-(ē)ba|nt*
pasivo
sing. 1. *-(ē)ba|r*
2. *-(ē)bā|ris*
3. *-(ē)bā|tur*
1. *-(ē)bā|mur*
2. *-(ē)bā|minī*
3. *-(ē)ba|ntur*

En 3ª persona el imperfecto se termina en activo por *-bat* en singular y *-bant* en plural; los temas consonánticos y los temas en *-ī* tienen *-ēbat* y *-ēbant*: *Iūlius et Aemilia Rōmae habit<u>ābant</u>; Iūlius cotīdiē epistulās ad Aemiliam scrīb<u>ēbat</u>; Iūlius male dormi<u>ēbat</u>*. Mientras el matrimonio habla de sus primeros amores, las 1ª y 2ª personas entran en juego, como cuando Julius dice: *"tunc ego tē am<u>ābam</u>, tū mē nōn am<u>ābās</u>"* (l. 98) y *"Neque epistulās, quās cotīdiē tibi scrīb<u>ēbam</u>, leg<u>ēbās</u>"* (l. 101-102). Las formas del plural se terminan por *-mus* y *-tis* precedidos de *-bā-* o *-ēbā-*, por ej. *(nōs) am<u>ābāmus</u>* y *(vōs) am<u>ābātis</u>* (véase l. 124–127).

El imperfecto se forma insertando *-bā-* (1ª y 2ª conjugación) o *-ēbā-* (3ª y 4ª conjugación) entre el tema y las terminaciones personales: en el activo *-m, -mus*(1ª pers.), *-s, -tis* (2ª pers.) y *-t, -nt* (3ª pers.); y en el pasivo *-r, -mur* (1ª pers.), *-ris, -minī* (2ª pers.) y *-tur, -ntur* (3ª pers.). Nota que la 1ª persona se termina por *-m* y *-r* (y no *-ō* o *-or*) y que *ā* se abrevia delante de *-m, -r, -t, -nt* y *-ntur* (*amā|ba̱|m, amā|ba̱|r*, etc.). En la sección GRAMMATICA LATINA encuentras ejemplos de todas las formas.

Del verbo irregular *esse* ya has encontrado la 3ª persona del imperfecto: *era|t, era|nt* (cap. 13). Ahora aprendes las 1ª y 2ª personas:·*era|m, erā|mus* y *erā|s, erā|tis*. Los compuestos de *esse*, como *ab-esse*, presentan las mismas formas: *ab-era|m, ab-erā|s*, etc., y es lo mismo para *posse: pot-era|m, pot-erā|s*, etc.

El sustantivo *domus -ūs* es un femenino de la 4ª declinación, pero tiene ciertas terminaciones de la 2ª: ablativo singular *domō̱* (in *magnā domō̱*) y en plural, el acusativo *domō̱s* y el genitivo *domō̱rum* (o *domuum*). La forma *domī̱* (cap. 15, l. 81) es un locativo: para esta forma y para el acusativo *domum* y el ablativo *domō* empleados como adverbios sin preposición, véase cap. 20.

En el cap. 4 has aprendido que las palabras de la 2ª declinación en *-us* tienen una forma especial cuando uno se dirige a una persona, el vocativo, terminado por *-e*, por ej. *domine̱*. Cuando Aemilia se dirige a su marido dice "*Ō Iūlī̱!*" y añade "*mī̱ optime vir!*" (l. 93-94). El vocativo de los nombres de personas en *-ius*, por ej. *Iūlius, Cornēlius, Lūcius*, se termina por *-ī* (contracción de *-ie*): *Iūlī̱, Cornēlī̱, Lūcī̱* y el vocativo de *meus* es *mī̱*. Incluso *fīlius* da *fīlī̱* en vocativo: en el cap. 21 (l. 30) Julius le dice "*Ō mī̱ fīlī̱!*" a su hijo.

La terminación *-ās* en *māter familiās* y *pater familiās* (l. 17 y 38) es una antigua terminación de genitivo de la 1ª declinación (= *-ae*).

imperfecto de *esse*
sing.   plur.
1. era|m   erā|mus
2. erā|s   erā|tis
3. era|t   era|nt

domus -ūs f., abl. *-ō*
pl. ac. *-ōs*, gen. *-ōrum*

nombres de personas en
-ius y *fīlius:* voc. *-ī*
meus: voc. *mī*

Capítulo 20

Se está esperando un feliz acontecimiento en nuestra familia romana, lo que da a los padres ocasión para pensar en el porvenir, y te permite a ti conocer el futuro (latín *tempus futūrum*) de los verbos latinos.

Los primeros verbos regulares que aparecen en futuro son temas en *-ā* y en *-ē* (1ª y 2ª conjugación), con las terminaciones *-bit* y *-bunt* en la 3ª persona del singular y plural, por ej. *habē|bi̱t, habē|bunt; amā|bit, amā|bunt* (l. 22–27). Pero cuando pasas a los temas consonánticos y a los temas en *-ī* (3ª y 4ª conjugación) encuentras las terminaciones del futuro *-et, -ent*, por ej. *dīc|e̱t, pōn|ent* y *dormi|e̱t, dormi|ent* (l. 32, 44-45). Las terminaciones pasivas son *-bitur, -buntur* y *-ētur, -entur* (l. 28-29, 36). Hay también ejemplos del futuro de *esse*: 3ª pers. del sing. *erit*, plur. *erunt* (l. 21, 23; incluso en los compuestos, por ej. *pot-erit, pot-erunt* de *posse*).

Las 1ª y 2ª personas del futuro están empleadas durante la conversación de los padres. Encontrarás las terminaciones (1) *-bō, -bimus* y *-bis, -bitis* añadidas a los temas en *-ā* y *-ē*, por ej. *amā|bō, amā|bis, habē|bō, habē|bimus* etc., y (2) *-am, -ēmus* y *-ēs, -ētis* añadidas a los temas consonánticos y a los temas en *-ī*, por ej. *discēd|am, discēd|ēs, dormi|am, dormi|ēmus* etc. Las terminaciones pasivas son (1) *-bor, -bimur; -beris, -biminī* y (2) *-ar, -ēmur; -ēris, -ēminī*. El futuro de *esse*: 1ª persona *erō, erimus;* 2ª persona *eris, eritis*.

El futuro se forma por la inserción, entre tema y terminaciones personales, de (1) *-b* en las 1ª y 3ª conjugaciones, por ej. *amā|b|ō, habē|b|ō;* en las terminaciones *-s, -t, -mus, -tis, -nt, -ris, -tur, -minī, -ntur* una vocal breve se inserta antes de las consonantes, las más de las veces *-i-* (*amā|bi̱|s, amā|bi̱|t, amā|bi̱|mus* etc.), pero *-u-* delante de *-nt, -ntur* (*amā|bu̱|nt, amā|bu̱|ntur*) y *-e-* delante de *-ris* (*amā|be̱|ris*); incluso *ī|re* tiene *-b-* en el futuro: (*ab-, ad-, ex-, red-)ī|b|ō, ī|b|is, ī|b|it*, etc.

futuro
1ª y 2ª conjugación
activo   pasivo
sing. 1. -b|ō   -b|or
2. -b|is   -b|eris
3. -b|it   -b|itur
plur. 1. -b|imus -b|imur
2. -b|itis   -b|iminī
3. -b|unt   -b|untur
3ª y 4ª conjugación
activo   pasivo
sing. 1. -a|m   -a|r
2. -ē|s   -ē|ris
3. -e|t   -ē|tur
plur. 1. -ē|mus   -ē|mur
2. -ē|tis   -ē|minī
3. -e|nt   -e|ntur
esse
sing.   plur.
1. erō   erimus
2. eri̱s   eritis
3. erit   erunt

(2) -ē- (pero 1ª pers. del sing. -a-) en las 3ª y 4ª conjugaciones, por ej. dīc|a|m, dīc|ē|s, etc.; audi|a|m, audi|ē|s, etc. (-ē- se hace breve delante de -t, -nt, -ntur: dīc|ĕ|t, dīc|ĕ|nt, dīc|ĕ|ntur).

presente de *velle*
sing. plur.
1. volō   volumus
2. vīs   vultis
3. vult   volunt

Del verbo irregular *velle*, ya conoces la 3ª persona del presente: *vult, volunt.* Las 1ª y 2ª personas son respectivamente: *volō, volumus* y *vīs, vultis.* No se pone la negación *nōn* delante de *volunt, volō, volumus* y *velle;* en su lugar se encuentran las formas *nōlunt, nōlō, nōlumus* y *nōlle,* que son la contracción de *nē + volunt* etc. Cf. el imperativo *nōlī, nōlīte* (l. 69, 160) empleado con el infinitivo para expresar una prohibición ('¡no ...!') por ej. *nōlī discēdere!*

domum ac. ('a casa')
domō abl. ('de casa')
domī loc. ('en casa')

El acusativo y el ablativo de *domus* se emplean sin preposición para expresar el movimiento hacia la casa o procedente de la casa de alguien, por ej. *dom<u>um</u> revertī* y *dom<u>ō</u> abīre* (l. 123, 137); la forma *domī,* por ej. *dom<u>ī</u> manēre* (l. 127), es un locativo ('en casa'). Cf. la regla que se aplica a los nombres de ciudad: *Tūscul<u>um</u>, Tūscul<u>ō</u>, Tūscul<u>ī</u>. Dom<u>ō</u>,* como *Tūscul<u>ō</u>,* es un ablativo de separación; del mismo modo el ablativo que requiere *carēre* ('estar sin','faltar de'), por ej. *cib<u>ō</u> carēre* (l. 6; cf. *sine* + abl.: *sine cibō esse*).

carēre + abl.

nom./ac. nōs   vōs
dat./abl. nōbīs vōbīs

Los pronombres personales *nōs* y *vōs* se vuelven *nōbīs* y *vōbīs* en ablativo y en dativo: *ā vōbīs, ā nōbīs* (l.130, 136; dativo: cap. 21, l. 91 y 109).

Capítulo 21

El capítulo se abre al volver Marcus de la escuela. Parece maltrecho: está mojado y sucio, y sangra por la nariz. ¿Qué le habrá pasado? Es lo que vas a descubrir leyendo el capítulo. Que el relato de Marcus sea verdadero o falso, puedes aprovecharlo para aprender las formas verbales empleadas cuando se habla de un suceso que tuvo lugar.

Primero, descubrirás la forma *ambulāvit* del verbo *ambulāre,* en la explicación dada para los vestidos mojados: *Mārcus per imbrem ambulā<u>vit</u>* (l. 7). Este tiempo se llama el <u>perfecto</u> (latín *tempus praeteritum <u>perfectum</u>,* 'pasado cumplido'), distinto del <u>imperfecto</u> (lat. *praeteritum <u>imperfectum</u>,* 'pasado no cumplido'). La diferencia es que al imperfecto, como lo sabes, describe un estado de cosas o una acción que estaba cumpliéndose o que se repetía (habitual) en el pasado, mientras que el perfecto expresa lo que se produjo a un momento y que está ahora acabado (esp. 'pretérito indefinido'). Compara los dos pretéritos en las frases: *Iūlia cant<u>ābat</u>... Tum Mārcus eam pulsā<u>vit</u>!* El perfecto aparece a menudo vinculado a un presente cuando se describe el resultado presente de una acción pasada (esp. 'pretérito perfecto'), por ej. *Iam Iūlia plōrat, quia Mārcus eam pulsāvit.*

perfecto

perfecto e imperfecto

perfecto
sing.   plur.
1. -ī   -imus
2. -istī -istis
3. -it   -ērunt

El plural de *ambulāv|it* y *pulsāv|it* es *ambulāv|ērunt* y *pulsāv|ērunt: Puerī per imbrem ambulāv<u>ērunt</u>* y *Mārcus et Titus Sextum pulsāv<u>ērunt</u>* (l. 8, 13). La 3ª persona del perfecto se termina por *-it* en singular y *-ērunt* en plural. Encuentra las mismas terminaciones personales en las formas *iacu|it, iacu|-ērunt* de *iacēre* (l. 20, 21) y *audīv|it, audīv|ērunt* de *audīre* (l. 23, 26). Las terminaciones de las 1ª y 2ª personas, ellas también, son diferentes de las que conoces por los otros tiempos, como aparece en esta conversación entre padre e hijo (l. 40-43): *Mārcus: "...ego illum pulsāv<u>ī</u>!" Iūlius: "Tūne sōlus ūnum pulsāv<u>istī</u>?" Mārcus: "Ego et Titus eum pulsāvimus." Iūlius: "Quid? Vōs duo ūnum pulsāvistis?"* Como lo ves, la 1ª persona tiene las terminaciones *-ī, -imus* y la 2ª *-istī, -istis* respectivamente en singular y en plural. Las formas paralelas de *iacēre* son *iacu|ī, iacu|imus* (1ª pers.) y *iacuistī, iacuistis* (2ª pers.), y para *audīre: audīv|ī, audīv|imus* (1ª pers.) y *audīv|istī, audīv|istis* (2ª pers.).

Como lo muestran los ejemplos, las terminaciones personales del perfecto no se añaden directamente a los temas verbales *pulsā-*, *iacē-* y *audī-*, sino a los temas ensanchados o modificados *pulsāv-*, *iacu-* y *audīv-*. Los temas consonánticos sufren aun mayores modificaciones en el perfecto; así el perfecto de *scrīb|ere* es *scrīps|it* y el de *dīc|ere* es *dīx|it* (l. 113, 124), transformándose los temas en *scrīps-* y *dīx-*. Esta forma especial del tema verbal, a la que se añaden las terminaciones personales del perfecto, es llamada <u>tema del perfecto</u>, mientras el tema de base del verbo es llamado <u>tema del presente</u>. A partir de los temas del presente en *-ā* o *-ī* (1ª y 4ª conjugación) se forman regularmente los temas del perfecto por el añadido de *v*, por ej. *pulsā-: pulsāv-, audī-: audīv-,* y a partir de los temas del presente en *-ē* (2ª conjugación) cambiando la *ē* en *u: iacē-: iacu-*. El tema del perfecto de los verbos de la 3ª conjugación (con temas del presente consonanticos) se forma de diferentes modos, por ej. por el añadido de una *s* al tema del presente; en *scrīb-: scrīps-* esto produce la transformación de la sonora *b* en sorda *p*, en *dīc-: dīx-* es sólo la ortografía la que está modificada *(x = cs)*. El verbo *esse* tiene un tema de perfecto aparte *fu-: fu|ī, fu|istī, fu|it*, etc. (véase l. 83–86, 105, 106).

tema del presente	tema del perfecto
1. *pulsā-*	*pulsāv-*
2. *iacē-*	*iacu-*
3. *scrīb-*	*scrīps-*
4. *audī-*	*audīv-*

scrīps- < *scrībs-*
dīx- < *dīcs-*

tema del perf. de *esse:*
fu-

En el cap. 11 la observación del médico *"Puer dormit"* se relataba así: *Medicus 'puerum dormīre' dīcit,* o sea en acusativo-infinitivo (ac.+inf.). *Dormī|t* es un presente y el infinitivo correspondiente *dormī|re* se llama <u>infinitivo presente</u> (lat. *īnfīnītīvus praesentis*). En este capítulo Julius dice: *"Mārcus dormīvit"* y esta observación está hecha en ac. + inf.: *Iūlius 'Mārcum dormīvisse' dīcit* (l. 97). *Dormīv|it* es un perfecto y el infinitivo correspondiente *dormīv|isse* es llamado <u>infinitivo perfecto</u> (lat. *īnfīnītīvus perfectī*); se forma con el añadido de *-isse* al tema del perfecto. Otros ejemplos: *intrāv|isse, iacu|isse* y *fu|isse:* *Iūlius 'Mārcum intrāvisse' dīcit, at nōn dīcit 'eum... humī iacuisse'* (l.73-74; *humī* es un locativo); *Mārcus dīcit 'sē bonum puerum fuisse'* (l. 85).

infinitivo presente: *-re*

infinitivo perfecto: *-isse*

La frase *Sextus Mārcum pulsāvit* se vuelve en pasivo *Mārcus ā Sextō pulsātus est* (l. 11). La forma *pulsātus -a -um*, adjetivo de la 1ª/2ª declinación, es llamada <u>participio perfecto</u> (lat. *participium perfectī*). Este participio se forma regularmente con el añadido de una *t* al tema del presente, seguida de las terminaciones *-us -a -um* etc., por ej. *laudāt|us -a -um, audīt|us -a -um, scrīpt|us -a -um* (allí también transformación de *b* en *p*). Combinado con el presente de *esse (sum, es, est,* etc.) el participio perfecto forma el <u>perfecto pasivo</u> como en el ejemplo susodicho: la terminación del participio se acuerda entonces con el sujeto, por ej. *Iūlia ā Mārcō pulsāta est; puerī laudātī sunt; litterae ā Sextō scrīptae sunt.* Combinado con el infinitivo *esse* el participio perfecto forma el <u>infinitivo perfecto pasivo</u>, por ej. *laudātum esse* (en el ac. + inf. el participio se acuerda con el acusativo sujeto, cf. *Aemilia litterās ā Mārcō scrīptās esse crēdit,* l. 122). El participio perfecto se emplea también como adjetivo calificativo: *puer laudātus (= puer quī laudātus est).* Tiene el sentido pasivo, al contrario del <u>participio presente</u> en *-ns* que es activo.

participio perfecto
-t|us -a -um
perfecto pasivo
1. *-t|us -a* | *sum*
2. | *es*
3. *...um* | *est*
1. *-t|ī -ae* | *sumus*
2. | *estis*
3. *...a* | *sunt*
inf. perf. pasivo
laudāt|um esse
-t|us -a -um -am | *esse*
-ī -ae -ōs -ās |

Los sustantivos *cornū -ūs* y *genū -ūs* son <u>neutros de la 4ª declinación</u> (plur. *-a*). La declinación se da en el margen, en la página 164.

4ª declinación neutro
cornū -ūs, pl. *-ua -uum*

Ali-quis -quid es un <u>pronombre indefinido</u> que se emplea para una persona o una cosa indeterminadas (l. 65, 91; español 'alguien' y 'algo').

pronombre indefinido
ali-quis ali-quid

El neutro plural de los adjetivos y pronombres se emplea a menudo como un sustantivo en el sentido de una generalidad, por ej. *multa* (l. 90, 'gran cantidad'), *omnia* (l. 95, 'todas las cosas'), *haec* (l. 123, 'eso'), etc. (=*et cētera*).

Con el verbo *crēdere* la persona a la que uno cree o de quien se fía está en dativo: *"Mihi crēde!"* dice Marcus, pero *Iūlius Mārcō nōn crēdit* (l. 119, 140).

crēdere + dativo

33

Capítulo 22

La imagen que encabeza el capítulo representa un mosaico antiguo descubierto detrás del portón de una casa de Pompeya. La imagen y la advertencia *Cavē canem!* dan testimonio del cuidado con que los romanos trataban de proteger sus casas contra los intrusos. Cada casa era guardada por un portero (*ōstiārius* o *iānitor*) que muchas veces tenía un perro guardián para ayudarlo.

Pues no le es fácil a un extranjero ser admitido en la 'villa' de Julius. Primero tiene que despertar al portero y luego tiene que convencerle de que sus intenciones no son hostiles. En este capítulo, el cartero (*tabellārius*) lo trata con las palabras: *"Ego nōn veniō vīllam oppugnātum sīcut hostis, nec pecūniam postulātum veniō"* (l. 33-34). *Oppugnātum* y *postulātum* son los primeros ejemplos de una forma verbal llamada supino (lat. *supīnum*), que se encuentra con verbos de movimiento, por ej. *īre* y *venīre*, para expresar el fin. Otros ejemplos son *salūtātum venīre*, *dormītum īre*, *ambulātum exīre*, *lavātum īre* (véase l. 49–52).

supino en -*um*

Antes de que el mensajero revele su nombre complicado *Tlēpolemus*, dice *"Nōmen meum nōn est facile dictū"* y el portero, a quien le cuesta trabajo entender el nombre, dice: *"Vōx tua difficilis est audītū"* (l. 43–46). Las formas *dictū* y *audītū* se llaman 'supino en -*ū*', distintas de las formas en -*tum*, 'supino en -*um*'. El supino en -*ū* es una forma rara empleada para modificar ciertos adjetivos, particularmente *facilis* y *difficilis*; el ejemplo susodicho, en el que el sujeto es *vōx*, podría parafrasearse así: *Difficile est vōcem tuam audīre*.

supino en -*ū*

Las terminaciones del supino -*um* y -*ū* se añaden a una forma modificada del tema, llamada tema del supino, que se emplea también para formar el participio pasado – y el participio futuro (véase cap. 24). Este tema se forma regularmente por el añadido de *t* al tema del presente, por ej. *salūtā-: salūtāt-;* *audī-: audīt-;* *dīc-: dict-;* en los temas en -*ē* la *ē* se cambia en *i*, por ej. *terrē-: territ-;* y hay varias irregularidades más, sobre todo en los verbos de la 3ª conjugación, donde el añadido de la *t* puede provocar cambios por asimilación, por ej. *scrīb-: scrīpt-* (*p* es sorda como *t*), *claud-: claus-* (*dt* > *tt* > *ss* > *s*).

tema del supino

Cuando conoces los tres temas verbales, (1) el tema del presente, (2) el tema del perfecto y (3) el tema del supino, puedes hacer derivar de ellos todas las formas del verbo. Por consiguiente, para ser capaz de conjugar (o sea dar flexión a) un verbo latino basta con conocer tres formas, o 'partes principales', en las que caben estos temas. Las más útiles son los tres infinitivos:
1. El infinitivo presente activo, por ej. *scrīb|ere*.
2. El infinitivo perfecto activo, por ej. *scrīps|isse*.
3. El infinitivo perfecto pasivo, por ej. *scrīpt|um esse*.

temas verbales
1. tema del presente
2. tema del perfecto [~]
3. tema del supino [≈]

partes principales
1. inf. pres. act.
2. inf. perf. act.
3. inf. perf. pas.

Estas son las formas de los verbos irregulares que se darán al margen (la 3ª forma estará sin *esse*, o ausente si el verbo no tiene pasivo, por ej. *posse potuisse*); para los verbos deponentes encontrarás los infinitivos presente y perfecto pasivos, por ej. *loquī locūtum esse*. Las formas presentan varios cambios temáticos, por ej. vocal que se alarga (*emere, ēmisse, ēmptum; venīre, vēnisse*); caída de *n* o *m* (*scindere scidisse scissum; rumpere rūpisse ruptum*); reduplicación de sílabas en perfecto (*pellere pepulisse pulsum*); a veces tema del perfecto inalterado (*solvere solvisse solūtum*). Para aprender tales irregularidades te proponen un nuevo ejercicio en el PENSVM A, en que es preciso introducir otra vez en la lista de verbos los temas que faltan.

signos:
[~] tema del perfecto
[≈] tema del supino

quis quid pron. indef.
después de *sī* y *num*

Signos empleados: [~] para tema del perfecto y [≈] para tema del supino.

En la frase *Sī quis vīllam intrāre vult...* (l. 7) el pronombre *quis* no es interrogativo sino indefinido (= *aliquis*); por la pregunta *"Num quis hīc est?"* (l. 28) no se trata de saber 'quién' está allí, sino si 'alguien' está allí, tanto como *quid* en la pregunta *"Num quid tēcum fers"* (l. 105) significa 'algo'. Después de *sī* y *num* el pronombre *quis quid* es indefinido (= *aliquis, aliquid*).

El pronombre demostrativo *iste -a -ud* (declinado como *ille -a -ud*) remite a algo que está relacionado con la persona a quien uno habla (la 2ª persona): Tlepólemo dice *iste canis* acerca del perro del portero (l. 86, 'este perro contigo') y al hablar del abrigo de Tlepólemo el portero dice *istud pallium* (l. 103).

Compara las frases *Iānitōre dormiente, canis vigilāns iānuam cūstōdit* (l. 23) y *Cane vīnctō, tabellārius intrat* (l. 119). *Iānitōre dormiente* es el ablativo absoluto con el participio presente que expresa lo que está pasando ahora, es decir en el mismo momento (= *dum iānitor dormit...*, 'mientras...'). *Cane vīnctō* es el ablativo absoluto con el participio perfecto, que expresa lo que ha sido hecho (= *postquam canis vīnctus est...*, 'después de que...').

sī quis/quid...
num quis/quid...?

pronombre demostrativo
iste -a -ud

ablativo absoluto +
(1) part. pres. (act.)
(2) part. perf. (pas.)

Capítulo 23

De seguro, recuerdas que al fin del cap. 18 el maestro escribió una carta al padre de Marcus. En este capítulo descubres lo que hay en esta carta. La reproducción en la cabeza del capítulo muestra el tipo de escritura manuscrita empleada por los antiguos romanos. Compárala con el texto de la página 180 y no tendrás ninguna dificultad para descifrar la escritura.

Julius debe contestar a la carta. Pues, después de haberle reñido a Marcus, dice: *"Iam epistulam scrīptūrus sum."* Hubiera podido decir *"epistulam scrībam"* empleando el futuro habitual *scrībam*, pues *scrīptūrus sum* es simplemente una forma extensa de futuro que sirve para expresar lo que uno tiene intención de hacer; se compone del presente de *esse* y de *scrīptūrus*, que es el participio futuro (lat. *participium futūrī*) de *scrībere*. Este participio se forma por el añadido de ≈*ūr|us -a -um* al tema del supino [≈], por ej. *pugnāt|ūr|us, pārit|ūr|us, dormīt|ūr|us* de *pugnāre, pārēre, dormīre*. Ves empleados estos participios cuando Marcus promete enmendarse (l. 85-87). El participio futuro de *esse* es *futūr|us*, forma ya conocida por la expresión *tempus futūrum*.

La observación de Julius *"Epistulam scrīptūrus sum"* se da en discurso indirecto con ac. + inf.: *Iūlius dīcit 'sē epistulam scrīptūrum esse'* (l. 126). *Scrīptūrum esse* es el infinitivo futuro (latín *īnfīnītīvus futūrī*), que se compone del participio futuro y de *esse*. Otros ejemplos: *futūrum esse, pāritūrum esse, pugnātūrum esse, dormītūrum esse:* ve le informe sobre las promesas de Marcus (l. 90-92).

Cuando Julius se levanta para marcharse, Aemilia sospecha su mala intención y pregunta: *"Mārcumne verberātum īs?"* (l. 113-114) usando el supino con *īre* para expresar el fin. Su recelo podría expresarse en ac. + inf.: *Aemilia Iūlium Mārcum verberātum īre putat*, pero para evitar la ambigüedad de dos acusativos, se prefiere la forma pasiva: *Aemilia Mārcum ā Iūliō verberātum īrī putat* (l. 114). La combinación *verberātum īrī* (es decir el supino + el infinitivo pasivo *īrī* de *īre*) juega el papel de infinitivo futuro pasivo. Otros ejemplos: *Ego eum nec mūtātum esse nec posthāc mūtātum īrī putō* (l. 118) y *Dīc eī 'respōnsum meum crās ā Mārcō trāditum īrī* (l. 133).

Cuando Marcus ha sido pillado cometiendo fraude, su padre le dice: *"Nōnne tē pudet hoc fēcisse?"* (l. 79). El verbo impersonal *pudet* expresa la idea de que un sentimiento de vergüenza afecta a alguien; la persona afectada está en acusativo, por ej. *mē pudet* (= *mihi pudor est*, 'yo me siento avergonzado'). La causa del sentimiento puede ser expresada por un infinitivo como arriba indicado, o por un genitivo, por ej. *Puerum pudet factī suī* (l. 82).

participio futuro
≈*ūr|us -a -um*

futūr|us -a -um

infinitivo futuro
≈*ūr|um/-am/-ōs/-ās/-a esse*

infinitivo futuro pasivo
≈*um īrī* (supino + *īrī*)

verbo impersonal *pudet*
+ ac. (+ gen./inf.)

35

verbos irregulares

īre
part. pres. *iēns eunt|is*

Verbos irregulares: con alargamiento de vocal: *legere lēgisse lēctum; fugere fūgisse;* con cambio de vocal: *facere fēcisse;* con temas diferentes: *ferre tulisse lātum.* En el cap. 24 hay *dare dedisse* con reduplicación; *trā-dere* y *per-dere* son compuestos de *dare*, lo que explica los perfectos *trā-didisse* y *per-didisse.* El participio presente de *ī|re* parece regular: *i|ēns*, pero su declinación es irregular: acusativo *eunt|em*, genitivo *eunt|is*, etc. Igual para sus compuestos, por ej. *red-īre*, part. *red-iēns -eun|is*. Ejemplos l. 106-107.

Capítulo 24

Desde su cama de enfermo Quintus llama a Syra y le pregunta que le cuente lo que ha pasado mientras estaba solito en la cama. Syra le da de buena gana todos los detalles del regreso de Marcus y de lo que había pasado antes.

pluscuamperfecto
activo
sing.   plur.
1. ~era|m   ~erāmus
2. ~erā|s   ~erā|tis
3. ~era|t   ~era|nt
pasivo
1. ≈us ≈a | eram
2. | erās
3. ... ≈um | erat
1. ≈ī ≈ae | erāmus
2. | erātis
3. ... ≈a | erant

A lo largo de esa relación aprendes el tiempo llamado pluscuamperfecto (lat. *plūsquamperfectum*). Se emplea para expresar que una acción sobreviene antes de cierto momento del pasado, es decir que algo se había producido. Los primeros ejemplos son *ambulāv|erat, iacu|erat, pugnāv|erant* y *pulsāt|us erat* (l. 66–68): *Mārcus nōn modo ūmidus erat, quod per imbrem ambulāverat, sed etiam sordidus atque cruentus, quod humī iacuerat* et *ā Sextō pulsātus erat. Puerī enim in viā pugnāverant.* En activo el pluscuamperfecto se forma por la inserción de *-erā-* (abreviado *-era-*) entre el tema del perfecto y las terminaciones personales: 1ª persona *~era|m, ~erāmus*, 2ª *~erās, ~erātis*, 3ª *~erat, ~erant*. En pasivo, el pluscuamperfecto está compuesto del participio perfecto y del imperfecto de *esse (eram, erās, erat,* etc.), por ej. *Mārcus ā Sextō pulsātus erat* = *Sextus Mārcum pulsāverat.* En la sección GRAMMATICA LATINA encuentras unos ejemplos de todas las formas de las cuatro conjugaciones y de *esse (fu|era|m, fu|erā|s,* etc.).

ac./abl.   dat.
1. mē   mihi
2. tē   tibi
3. sē   sibi
reflexivo

verbos deponentes
perfecto

Para el pronombre reflexivo la forma *sē* es el acusativo y el ablativo; el dativo es *sibi* (cf. *tibi, mihi*): Syra: *"Doletne tibi pēs adhūc?"* Puer *'pedem sibi dolēre ait: "Valdē mihi dolet pēs"* (l. 23-24; dativo de interés).

Los verbos deponentes, como *cōnārī* y *mentīrī*, siempre tienen una forma pasiva (excepto en el participio presente y futuro: *cōnāns, cōnātūrus* y *mentiēns, mentītūrus*); ejemplos de estos verbos en presente: *Quīntus surgere cōnātur* y *Mārcus mentītur*, y en perfecto (compuesto del participio perfecto y el presente de *esse*): *Quīntus surgere cōnātus est* y *Mārcus mentītus est* (español 'trató', 'mintió'). Los participios perfectos de los verbos *patī, loquī, verērī* y *fatērī* son *passus, locūtus, veritus* y *fassus*, como aparece en los ejemplos: *tergī dolōrēs passus est* (l. 47); *saepe dē eā locūtus est* (l. 60); *Tabellārius canem veritus est* (l. 88) y *Mārcus 'sē mentītum esse' fassus est* (l. 101). La última frase muestra un ejemplo de infinitivo perfecto: *mentītum esse.* – El imperativo de los verbos deponentes, por ej. *"Cōnsōlāre mē, Syra! ... loquere mēcum!"* (l. 40-41), es tratado en el capítulo siguiente.

abl. de comparación

La conjunción *quam* ('que') se emplea en las comparaciones después del comparativo, por ej. *Mārcus pigrior est quam Quīntus.* Otra posibilidad es la de poner el segundo término en ablativo: *Mārcus pigrior est Quīntō.* Unos ejemplos de este ablativo de comparación se encuentran l. 30, 77, 90, 108, 116, 117.

nōscere
nōvisse

A la pregunta: *"Quōmodo Quīntus puellam Rōmānam nōscere potuit?"* Syra contesta: *"Nesciō quōmodo, sed certō sciō eum aliquam fēminam nōvisse"* (l. 57–60). El perfecto *nōvisse* de *nōscere* ('conocer', 'hacer conocimiento con') tiene valor de presente. Cf. *Canis tē nōvit, ignōrat illum* (l. 94).

adverbios en -ō

Nota adverbios en *-ō*: *subitō, certō, prīmō* (l. 12, 59, 100; cf. *postrēmō* y *rārō*).

Capítulo 25

En este capítulo y en el siguiente lees algunos mitos griegos muy conocidos. Esos relatos fabulosos de hazañas heroicas han fascinado a los lectores a través de los siglos, y un sin fin de poetas y artistas han sacado su inspiración del arte narrativo de los griegos.

Los nombres de lugares mencionados en la historia se vuelven a encontrar en el mapa de Grecia que da frente al capítulo. Entre los nombres de ciudad nota las formas del plural de *Athēnae* y *Delphī;* el acusativo es *Athēnās* y *Delphōs,* el ablativo *Athēnīs* y *Delphīs*. Estos dos casos, como lo sabes, sirven para expresar el movimiento hacia o la procedencia de la ciudad: Teseo va *Athēnīs* in *Crētam* y más tarde *ē Crētā Athēnās*. Pero el ablativo de los nombres de ciudad en plural se emplea también como un locativo, de tal modo que *Athēnīs* puede significar también *in urbe Athēnīs: Thēseus Athēnīs vīvēbat* (l. 52). La regla de empleo del acusativo, del ablativo y del locativo (= genitivo/ablativo) de los nombres de ciudad se aplica también a los nombres de islas pequeñas, por ej. *Naxus:* ac. *Nāxum* = *ad īnsulam Nāxum,* abl. *Nāxō* = *ab/ex īnsulā Naxō,* loc. *Naxī* = *in īnsulā Naxō* (l. 99, 100, 132). – Un nuevo nombre puede ser introducido con *nōmine* (abl. de punto de vista, 'llamado'): *parva īnsula nōmine Naxus; mōnstrum horribile, nōmine Mīnōtaurus* (l. 26).

Athēnae -ārum f. pl.
Delphī -ōrum m. pl.

Athēnīs loc. (= abl.)

El imperativo de los verbos deponentes se termina por *-re* en singular y *-minī* en plural (temas consonánticos *-ere* e *-iminī*). Tienes ya unos ejemplos de *-re* en el cap. 24 (por ej. l. 28 *"Intuēre pedēs meōs, Syra!"*); en este capítulo Teseo le dice a Ariana: *"Opperīre mē!"* (l. 75) y *"Et tū sequere mē! Proficīscere mēcum Athēnās!"* (l. 95), y a sus conciudadanos: *"Laetāminī, cīvēs meī! Intuēminī gladium meum cruentum! Sequiminī mē ad portum!"* (l. 92-93).

verbos deponentes
imperativo
sing. *-re*
plur. *-minī*

Los verbos transitivos como *amāre* y *timēre* se emplean generalmente con un objeto en acusativo, por ej. *mortem timēre, patriam amāre.* Los sustantivos derivados de estos verbos, *timor* y *amor,* pueden combinarse con un genitivo para indicar lo que es objeto del temor o del amor, por ej. *timor mortis* y *amor patriae* (l. 77, 86). Tal genitivo se llama genitivo objetivo. Otros ejemplos: *timor mōnstrōrum; expugnātiō urbis; nex Mīnōtaurī; cupiditās pecūniae* (l. 22, 46, 88, 122), estando los sustantivos *expugnātiō* y *nex* derivados de los verbos *expugnāre* y *necāre,* mientras *cupiditās* está derivado del verbo *cupere* por medio del adjetivo *cupidus* (= *cupiēns*), que puede él mismo combinarse con un genitivo objetivo, por ej. *cupidus pecūniae* (= *quī pecūniam cupit,* cf. l. 46). Incluso un participio presente como *amāns* empleado como adjetivo puede tener un genitivo objetivo, por ej. *patriae amāns* (= *quī patriam amat,* l. 51).

genitivo objetivo

cupidus + gen.
amāns + gen.

El verbo *oblīvīscī* es seguido de un objeto en genitivo: *oblīvīscere illīus virī!* (l. 126). Cuando el objeto es una cosa se usa también el acusativo (l. 118, 130).

oblīvīscī + gen.

Has visto varios ejemplos del ac. + inf. con el verbo *iubēre:* un infinitivo activo, como en *Pater fīlium tacēre iubet,* expresa lo que una persona debe hacer, un infinitivo pasivo, como *dūcī* en [*Rēx*] *eum in labyrinthum dūcī iussit* (l. 59), expresa lo que se le debe hacer a una persona ('ordenó que fuera llevado...). Como *iubēre* el verbo *velle* puede ser seguido del ac. + inf.: *Tē hīc manēre volō* ('quiero que tu...'); *Quam fābulam mē tibi nārrāre vīs?* (l. 2–4).

ac.+ inf. pas. con *iubēre*
ac.+ inf. con *velle*

El participio pasado de los verbos deponentes se emplea con el sujeto de la frase para indicar lo que una persona ha/había hecho o hacía: *haec locūta, Ariadna...* (l. 74, 'habiendo dicho/después de haber dicho esto...'); *Thēseus fīlum Ariadnae secūtus...* (l. 84-85, 'habiendo seguido/siguiendo...'); *Aegeus, arbitrātus* (l. 137, 'que creía...').

Las formas *nāvigandum* y *fugiendum* serán tratadas en el capítulo siguiente.

Capítulo 26

La historia del joven Ícaro, que se lanzó hacia el sol ardiente para ser luego precipitado al mar porque el sol hizo que la cera que mantenía sus alas se derritiera, fue siempre admirada como una magnífica imagen poética del castigo reservado a la arrogancia y a la imprudencia. Syra también se sirve de este cuento para advertir a Quintus que sea más prudente.

En la expresión *parātus ad pugnam* se tiene la preposición *ad* con el acusativo *pugnam*. Si se sustituye el sustantivo por el verbo correspondiente, no se emplea el infinitivo *pugnāre* sino la forma *pugnandum: parātus ad pugna<u>ndum</u>*. Esta forma, caracterizada por *-nd-* añadido al tema del presente, es una especie de sustantivo verbal llamado <u>gerundio</u> (lat. *gerundium*). El gerundio es un neutro de la 2ª declinación, pero no tiene nominativo: el acusativo se termina por *-nd<u>um</u>* (*pugna|nd|um*). el genitivo por *-nd<u>ī</u>* (*pugna|nd|ī*), el dativo y el ablativo por *-nd<u>ō</u>* (*pugna|nd|ō*). En los temas consonánticos y en *-ī* (3ª y 4ª conjugación) una *e* breve se inserta delante de *-nd-*: *vīv|<u>e</u>nd|um, audi|<u>e</u>nd|um*.

gerundio
ac. *-ndum*
gen. *-ndī*
abl. *-ndō*

En este capítulo encuentras varios ejemplos del gerundio en los diferentes casos (excepto el dativo, que es raro). El <u>acusativo</u> se encuentra después de *ad*, por ej. *ad nārra<u>ndum</u>* (l. 10). El <u>genitivo</u> aparece con sustantivos, por ej. *fīnem nārra<u>ndī</u> facere* (l. 13); *cōnsilium fugi<u>endī</u>* (l. 56); *haud difficilis est ars vola<u>ndī</u>* (l. 72); *tempus dormi<u>endī</u> est* (l. 122); o como genitivo objetivo con los adjetivos *cupidus* y *studiōsus*: *cupidus audi<u>endī</u>, studiōsus vola<u>ndī</u>* (l. 18, 43); con el ablativo *causā* el genitivo del gerundio expresa la causa o el fin: *nōn sōlum dēlecta<u>ndī</u> causā, sed etiam mone<u>ndī</u> causā nārrātur fābula*. El <u>ablativo</u> del gerundio se encuentra después de *in* y *dē*: *<u>in</u> nārra<u>ndō</u>* (l. 11); *liber d<u>ē</u> ama<u>ndō</u>* (l. 154); o solo como ablativo de medio o de causa: *puerī scrībere discunt scrīb<u>endō</u>; fessus sum ambula<u>ndō</u>* (l. 24; cf. l. 129, 130).

-ndī causā

adjetivos
m. f. n.
-er -(e)r|a -(e)r|um
-er -(e)r|is -(e)r|e

m./f./n.
-ns, gen. *-nt|is*
-x, gen. *-c|is*

Ciertos adjetivos tienen *-er* en nominativo singular sin las terminaciones habituales *-us* e *-is*, por ej. *niger -gr|a -gr|um* y (con la conservación de la *-e-*) *miser -er|a -er|um, līber -er|a -er|um* y *celer -er|is -er|e* (en otros adjetivos de la 3ª declinación la *-e-* cae, por ej. *ācer ācr|is ācr|e*, 'impetuoso', cf. *December -br|is*). Este tipo de adjetivos de la 3ª declinación posee tres formas en nominativo singular, mientras los en *-ns* y *-x*, como *prūdēns* y *audāx*, no tienen más que una: *vir/fēmina/cōnsilium prūdēns/audāx* (gen. *prūdent|is, audāc|is*). Los adjetivos en *-er* hacen *-errimus* en el superlativo, por ej. *celerrimus*. Son irregulares los superlativos *summus* e *īnfimus* (l. 77, 79) de *super(us)* e *īnfer(us);* comp. *superior* e *īnferior*.

āēr āer|is, ac. *-a*
(= *-em*)

El sustantivo *āēr* (3ª declinación m., gen. *āer|is*) está sacado del griego y toma la terminación griega *-a* en ac. sing. *āer|<u>a</u>* (l. 22, = *āer|em*).

neque ūllus -a -um
neque quisquam
neque quidquam
neque umquam

Como *ūllus -a -um* el pronombre indefinido *quis-quam quid-quam* ('alguien', 'algo') se emplea en un contexto negativo, de suerte que no se emplea *et* delante de *nēmō* y *nihil: neque quisquam* (l. 26, 'y nadie...'), *nec quidquam* (cap. 27, l. 106, 'y nada...'); de manera igual se evita *et* delante de *numquam* empleando *neque umquam* (cap. 23, l. 26, 'y nunca...').

es|tō es|tōte (imp.)

En lugar del imperativo corto *es! este!* de *esse*, se prefiere a menudo la forma larga en *-tō -tōte: es|tō! es|tōte!* (l. 81). En los otros verbos este <u>imperativo futuro</u> no es muy frecuente (será tratado en el cap. 33).

vidērī (+ dat.)

Vidērī, passivo de *vidēre*, se emplea en el sentido de 'parecer (ser)', por ej. *īnsulae haud parvae sunt, quamquam parvae esse vid<u>entur</u>* (l. 94). En este empleo se añade muchas veces un dativo, por ej. *Mēlos īnsula... nōn tam parva est quam tibi vid<u>ētur</u>* (= *quam tū putās*, l. 95, cf. l. 96-97, 125); *puer in somnīs sibi vid<u>ētur</u>... volāre* (l. 144, = *sē volāre putat*).

Capítulo 27

Julius es el propietario de una ancha hacienda en las colinas de Alba, *mōns Albānus*, cerca del lago de Alba, *lacus Albānus*. La administración de la granja es dejada a unos colonos. Julius sigue su trabajo con cuidado cuando está *rūrī* ('en el campo', locativo de *rūs*). Allí es donde le encontramos, recorriendo sus campos y interrogando a sus hombres acerca de la cualidad de las cosechas.

Compara la frase *Servus tacet et audit* y *Dominus imperat ut servus taceat et audiat*. La primera frase nos dice lo que el esclavo hace realmente. En la segunda sólo nos dicen lo que el amo quiere que haga; esto se expresa por las formas verbales *tace|at* y *audi|at*, que son llamadas formas del subjuntivo (lat. *coniūnctīvus*) – por oposición a las formas *tace|t* y *audi|t*, que son formas del indicativo (lat. *indicātīvus*). *Taceat* y *audiat* son el presente del subjuntivo (lat. *coniūnctīvus praesentis*) de los verbos *tacēre* y *audīre*.

El subjuntivo presente se forma por la inserción de una *-ā-* entre el tema del presente y las terminaciones personales (*-a-* breve delante de *-m, -t, -nt, -r, -ntur*). Lo que da en el activo las terminaciones siguientes: 1ª persona *-a|m, -ā|mus*, 2ª *-ā|s, -ā|tis*, 3ª *-a|t, -a|nt*, y en el pasivo: 1ª persona *-a|r, -ā|mur*, 2ª *-ā|ris, -ā|minī*, 3ª *-ā|tur, -a|ntur*. Sin embargo, estas terminaciones se encuentran sólo en la 2ª, 3ª y 4ª conjugación. Los verbos de la 1ª conjugación, los temas en *ā*, que tienen *-ā-* en el indicativo presente, tienen *-ē-* (abreviado *-e-*) delante de las terminaciones personales en el subjuntivo presente: en el activo: 1ª persona *-e|m, -ē|mus*, 2ª *-ē|s, -ē|tis*, 3ª *-e|t, -e|nt*; y en el pasivo: 1ª persona *-e|r, -ē|mur*, 2ª *-ē|ris, -ē|minī*, 3ª *-ē|tur, -e|ntur*. En la sección GRAMMATICA LATINA encontrarás ejemplos de verbos con todas esas terminaciones y del subjuntivo presente irregular de *esse*: 1ª persona *sim, sīmus*, 2ª *sīs, sītis*, 3ª *sit, sint*.

Mientras el indicativo se emplea para significar que algo se produce realmente (o no se produce), el subjuntivo expresa la petición o el esfuerzo para obtener (o evitar según el caso) un resultado. Tal petición o esfuerzo puede ser expresado por verbos como *imperāre, postulāre, ōrāre, cūrāre, labōrāre, monēre, facere, efficere, cavēre*. Estos *verba postulandī et cūrandī* están a menudo seguidos de proposiciones completivas introducidas por *ut*, o, de ser negativas, por *nē* (o *ut nē*) y el subjuntivo. Ejemplos: *Iūlius imperat ut colōnus accēdat* (l. 78); *"vōs moneō ut industriē in vīneīs labōrētis"* (l. 126); *Pāstōris officium est cūrāre nē ovēs aberrent nēve silvam petant* (l. 139-140). Como se destaca del último ejemplo la segunda de dos proposiciones negativas es introducida por *nē-ve*, es decir *nē* con la conjunción vinculada *-ve*, que tiene el mismo valor que *vel*. – La negación *nē* se emplea también en la combinación *nē ... quidem* (l. 55, 86, 'ni siquiera').

En la discusión sobre el empleo de las herramientas agrícolas se requiere el ablativo instrumental: *Quōmodo metitur frūmentum? Falce metitur... Quō īnstrūmentō serit agricola? Quī serit nūllō īnstrūmentō ūtitur* (l. 18-20). Este ejemplo y los siguientes (*Quī arat arātrō ūtitur; quī metit falce ūtitur; quī serit manū suā ūtitur*) muestran que *ūtī* ('usar') rige el ablativo.

Además del plural regular *locī* de *locus* encuentras el neutro *loca -ōrum* (l. 30), que es usual en un sentido concreto ('lugares', 'región').

Las preposiciones *prae* y *prō* gobiernan el ablativo; su sentido primero es 'delante de'; derivan de él los demás sentidos (*prae* l. 63, 83, *prō* l. 71, 72).

– *Abs* para *ab* se encuentra únicamente delante de *tē* (*abs tē* = *ā tē*). – Nota el ablativo de separación (sin *ab*) con *pellere* (l. 89) y con *prohibēre* (l. 174).

El pastor corre tras sus ovejas *quam celerrimē potest* (l. 177): *quam* + superlativo (+*potest*) marca el más alto grado posible: 'cuanto antes'.

---

subjuntivo
presente
2ª, 3ª y 4ª conjugación
    activo pasivo
sg. 1. *-a|m*   *-a|r*
   2. *-ā|s*   *-ā|ris*
   3. *-a|t*   *-ā|tur*
pl. 1. *-ā|mus*   *-ā|mur*
   2. *-ā|tis*   *-ā|minī*
   3. *-a|nt*   *-a|ntur*
1ª conjugación
sg. 1. *-e|m*   *-e|r*
   2. *-ē|s*   *-ē|ris*
   3. *-e|t*   *-ē|tur*
pl. 1. *-ē|mus*   *-ē|mur*
   2. *-ē|tis*   *-ē|minī*
   3. *-e|nt*   *-e|ntur*
esse
sing.   plur.
1. *sim*   *sīmus*
2. *sīs*   *sītis*
3. *sit*   *sint*

verba postulandī et cūrandī: *ut/nē* + subj.

ūtī + abl.

locus -ī m., pl. *locī/ loca -ōrum* m./n.

prae, prō + abl.

abs tē = *ā tē*

quam + sup. (potest)

Capítulo 28

En este capítulo y en el siguiente te enteras más cosas datos Medus y Lydia. Al apaciguarse la violenta tempestad, el navío navega hacia la alta mar. Lydia le enseña a Medus el librito que se ha llevado consigo y que está leyendo en alta voz, y de este modo conoces la más antigua traducción latina del *Nuevo Testamento*, empleada por San Jerónimo en el siglo IV en su versión latina de la Biblia (llamada *Vulgāta*, versión 'popular').

subjuntivo
imperfecto
activo
sing. 1. *-(e)re|m*
     2. *-(e)rē|s*
     3. *-(e)re|t*
plur. 1. *-(e)rē|mus*
     2. *-(e)rē|tis*
     3. *-(e)re|nt*
pasivo
sing. 1. *-(e)re|r*
     2. *-(e)rē|ris*
     3. *-(e)rē|tur*
plur. 1. *-(e)rē|mur*
     2. *-(e)rē|minī*
     3. *-(e)re|ntur*
esse
  sing.   plur.
  1. *esse|m* *essē|mus*
  2. *essē|s*   *essē|tis*
  3. *esse|t*   *esse|nt*

proposiciones finales:
ut/nē + subj.

proposiciones de consecuencia: *ut* + subj.

proposiciones de comparación: *ut* + ind.

verba dīcendī et sentiendī + ac.+inf.
verba postulandī et cūrandī + *ut/nē* + subj.

sē, sibi, suus en petición indirecta

Además de nuevos ejemplos de subjuntivo presente después de los *verba postulandī et cūrandī* en presente, encuentras ahora el subjuntivo imperfecto después de los mismos verbos en pretérito: *Iēsūs nōn sōlum faciēbat ut caecī vidērent, surdī audīrent, mūtī loquerentur, sed etiam verbīs efficiēbat ut mortuī surgerent et ambulārent* (l. 34–37). El subjuntivo imperfecto se forma por la inserción de -*rē*-, en los temas consonánticos -*erē*-, entre el tema del presente y las terminaciones personales (*e* breve delante de -*m*, -*t*, -*nt*, -*r*, -*ntur*), por ej. *vidē|re|m, vidē|rē|s, vidē|re|t*, etc., y *surg|ere|m, surg|erē|s, surg|ere|t*, etc. El subjuntivo imperfecto de *esse* es *esse|m, essē|s, esse|t*, etc.

Mientras que el subjuntivo presente sigue un verbo principal en presente, el subjuntivo imperfecto sigue un verbo principal en pretérito (perfecto, imperfecto o pluscuamperfecto). Compara las frases *Magister mē monet ut taceam et audiam* y *Magister mē monēbat* (*/monuit/monuerat*) *ut tacērem et audīrem*.

En el ejemplo *praedōnēs nāvēs persequuntur, ut mercēs et pecūniam rapiant nautāsque occīdant* (l. 132–134) la proposición introducida por *ut* con los subjuntivos presentes *rapiant* y *occīdant* expresa la meta, el fin de la persecución. Allí también el subjuntivo marca una acción que sólo se planea, no cumplida realmente. Otras proposiciones finales en el imperfecto del subjuntivo, porque el verbo principal está en pretérito: *Petrus ambulābat super aquam, ut venīret ad Iēsum* (l. 103) y *ē vīllā fūgī, ut verbera vītārem atque ut amīcam meam vidērem ac semper cum eā essem* (l. 162-163). En español el fin se expresa por el infinitivo precedido de 'para' ('con intención de...').

Num quis tam stultus est ut ista vēra esse crēdat? (l. 90-91) es otro tipo de proposición introducida por *ut* con el subjuntivo, llamada proposición de consecuencia (*ut... crēdat* expresa la consecuencia de la estupidez de alguien); cf. *ita ... ut Iuppiter rēx caelī esset* (l. 87). Otros ejemplos en el cap. 29.

La mayor parte de las proposiciones latinas introducidas por *ut* con el subjuntivo corresponden a las proposiciones españolas introducidas por 'que'. Pero no olvides que *ut* es también una conjunción de comparación (español 'como') seguida del indicativo, por ej. *ut tempestās mare tranquillum turbāvit* (l. 8-9) y *ut spērō* (l. 149).

Nota la diferencia entre (1) *verba dīcendī et sentiendī*, que se combinan con el ac. + inf., y (2) *verba postulandī et cūrandī*, que son seguidos de una proposición en subjuntivo introducida por *ut/nē*. Ciertos verbos pueden tener los dos sentidos, por ej. *persuādēre:* (1) *mihi nēmō persuādēbit hominem super mare ambulāre posse* (ll. 110-111), y (2) *Mēdus mihi persuāsit ut sēcum venīrem* (l. 174-175). Nota que *persuādēre* rige el dativo – como *oboedīre, impendēre, servīre,* y *prōdesse, nocēre*.

En el último ejemplo, nota *sēcum* y compara: *Pāstor dominum ōrat nē sē verberet* (cap. 27, l. 158); *Mēdus eam rogat ut aliquid sibi legat* (l. 57); [*Iaïrus*] *Iēsum rogāvit ut fīliam suam mortuam suscitāret* (l. 66). En las proposiciones introducidas por *ut/nē* que expresan una petición o una orden, los pronombres y adjetivos reflexivos *sē, sibi, suus* remiten al sujeto del verbo principal, es decir a la persona que pide, ordena, etc.

Capítulo 29

El mercader romano, que queda arruinado porque su mercancía ha sido arrojada al mar durante la tempestad, no puede compartir totalmente la alegría que sienten los demás por estar salvos. Exclama: *"Heu, mē miserum!"* (ac. de exclamación) y pregunta con desesperación: *"Quid faciam? Quid spērem? Quōmodo uxōrem et līberōs alam? ...quōmodo vīvāmus sine pecūniā?"* (l. 22-24, 51). En este tipo de pregunta deliberativa en que, indeciso, uno se pregunta qué hacer, el verbo está en subjuntivo. Una pregunta deliberativa puede también ser objeto de un verbo, por ej. *interrogāre, nescīre* o *dubitāre: Vir ita perturbātus est ut sē interroget, utrum in mare saliat an in nāve remaneat* (l. 57-59) y *Mēdus rubēns nescit quid respondeat* (cap. 28, l. 184). Pero en tales interrogaciones indirectas el verbo está en subjuntivo aunque la interrogación directa pida el indicativo. En el cap. 28 (l. 187) Lydia preguntaba: *"nōnne tua erat ista pecūnia?"* ahora ella dice: *"Modo tē interrogāvī tuane esset pecūnia"* (l. 127-128). La pregunta dirigida a los marineros por el rey se da así: *rēx eōs interrogāvit 'num scīrent ubi esset Arīōn et quid faceret?"* (l. 105-106). Cf. *dubitō num haec fābula vēra sit* (l. 116-117).

pregunta deliberativa: *quid faciam?*

subjuntivo en interrogaciones indirectas

Después de la conjunción *cum* el verbo está en indicativo en las proposiciones que expresan una acción habitual o que se repite, por ej. *Semper gaudeō, cum dē līberīs meīs cōgitō* (l. 47) y *tū numquam mē salūtābās, cum mē vidēbās* (cap. 19, l. 100). En este empleo *cum* es llamado *'cum' iterātīvum* (de *iterāre*, 'repetir'). Cuando la proposición introducida por *cum* indica lo que se produjo al mismo tiempo que otra cosa, su verbo suele estar en el imperfecto del subjuntivo. En las historias de Arión y de Polícrates cabe este tipo de proposiciones, por ej. *Cum Arīōn ex Italiā in Graeciam nāvigāret magnāsque dīvitiās sēcum habēret...* (l. 78-80); *cum iam vītam dēspērāret, id ūnum ōrāvit...* (l. 88-89); *Cum haec falsa nārrārent, Arīōn repente appāruit* (l. 110); *Ānulum abiēcit, cum sēsē nimis fēlīcem esse cēnsēret* (l. 156-157, cf. l. 171). Los ejemplos muestran que *cum* introduce tanto proposiciones de tiempo como de causa; éstas pueden también tener el verbo en subjuntivo presente, por ej. *Gubernātor, cum omnēs attentōs videat, hanc fābulam nārrat...* (l. 76).

cum (iterātīvum) + indicativo

cum + subjuntivo

Nota las proposiciones de consecuencia: l. 58, 67, 68, 71-72, 86-87, 159-160. El ejemplo *piscem cēpit quī tam fōrmōsus erat ut piscātor eum nōn vēnderet* (l. 167-168) muestra que una proposición de consecuencia tiene la negación *nōn*, a diferencia de las proposiciones finales que tienen *nē (ut nē)*, por ej. *nē strepitū cantum eius turbārent* (l. 73). La sección GRAMMATICA LATINA ofrece unas proposiciones típicas introducidas por *ut* y *nē* con el subjuntivo.

proposiciones de consecuencia: *ut..., ut nōn...*

proposiciones finales: *ut..., nē...*

Para indicar a cuánto se estima algo, se puede añadir genitivos como *magnī, parvī, plūris, minōris* al verbo *aestimāre* (o *facere* con el mismo sentido). Ejemplos: *Mercātōrēs mercēs suās magnī aestimant, vītam nautārum parvī aestimant* (l. 6-7); *"Nōnne līberōs plūris aestimās quam mercēs istās?"* (l. 27).
– Con el verbo *accūsāre* el reproche está en genitivo: *Lȳdia pergit eum fūrtī accūsāre* (l. 137). – Un genitivo partitivo puede calificar un pronombre, por ej. *nēmō eōrum; nēmō nostrum/vestrum* (l. 39, 43, gen. partitivo de *nōs, vōs*); *aliquid pecūliī; nihil malī* (l. 135, 157; cf. *quid novī?* cap. 31, l. 3).

genitivo de estimación: *magnī, parvī, plūris, minōris*

accūsāre + gen.
pron. + gen. partitivo

Muchos verbos están formados con prefijos, sobre todo preposiciones, por ej. *dē-terrēre, ā-mittere, in-vidēre, per-mittere, per-movēre, sub-īre, ex-pōnere, re-dūcere*. Los prefijos causan la transformación de *a* o *e* breves en *i*. Así, de *facere* se forman *af- cōn- dē per-ficere*, de *capere ac- in- re-cipere*, de *rapere ē- sur-ripere*, de *salīre dē-silīre*, de *fatērī cōn-fitērī*, de *tenēre abs- con- retinēre*, de *premere im-primere*. De modo igual *iacere* se vuelve *-iicere*, pero se evita la ortografía *ii* escribiendo *-icere*, por ej. *ab-, ad-, ē-, prō-icere*.

prefijos: *ab/ā-, ad-, con-, dē-, ex/ē-, in-, per-, prō-, re-, sub-*, etc.
facere > *-ficere*
capere > *-cipere*
rapere > *-ripere*
salīre > *-silīre*
tenēre > *-tinēre*
premere > *-primere*
iacere > *-icere*

Capítulo 30

En este capítulo y en el siguiente presencias una cena en casa Julius y Aemilia. Los invitados son buenos amigos de la familia. La cena empieza ya a las cuatro de la tarde (*hōrā decimā*), es la hora normal para la comida principal de los romanos. Aprendemos la disposición del comedor romano típico, el *triclīnium*, donde los invitados estaban tendidos en unas camas. Tal comedor no estaba hecho para grandes recepciones, pues tres invitados a lo sumo podían tenderse en sendas camas dispuestas alrededor de la mesita.

numerales distributivos
1 *singulī -ae -a*
2 *bīnī*
3 *ternī*
4 *quaternī*
5 *quīnī*
6 *sēnī*
10 *dēnī*

Nota que para indicar cuántos invitados se tienden en cada cama, el latín no usa los numerales habituales *ūnus, duo, trēs*, sino los números *singulī, bīnī, ternī: In singulīs lectīs aut singulī aut bīnī aut ternī convīvae accubāre solent* (l. 73–75). Estos adjetivos numerales distributivos, que pertenecen a la 1ª/2ª declinación, se usan cuando el mismo número se aplica a más de una persona o de una cosa, por ej. *bis bīna* (2×2) *sunt quattuor; bis terna* (2×3) *sunt sex; in vocābulīs 'mea' et 'tua' sunt ternae litterae et bīnae syllabae*. Los distributivos se terminan todos por *-n|ī -ae -a* salvo *singul|ī -ae -a*.

subjuntivo de exhortación: *-ēmus! -āmus!*

Cuando, por fin, el siervo anuncia que está servida la cena, Julius dice: *"Triclīnium intrēmus!"* (l. 87) y en la mesa levanta su vaso con estas palabras: *"Ergō bibāmus!"* (l. 120). Las formas *intrēmus* y *bibāmus* son el subjuntivo presente (1ª pers. del plur.) de *intrāre* y *bibere*; por consiguiente no marcan un hecho cumplido, sino sólo la intención de hacer algo, en el caso presente una exhortación. En el capítulo siguiente encontrarás más ejemplos de ese subjuntivo de exhortación.

futuro perfecto
activo
sing.   plur.
1. ~*er|ō*   ~*eri|mus*
2. ~*eri|s*   ~*eri|tis*
3. ~*eri|t*   ~*eri|nt*
pasivo
1. ≈*us* ≈*a* *erō*
2.   *eris*
3. ...*um*   *erit*
1. ≈*ī* ≈*ae*   *erimus*
2.   *eritis*
3. ...≈*a*   *erunt*

Para indicar que una acción no será acabada antes de cierto momento en el futuro, se emplea el futuro perfecto (lat. *futūrum perfectum*). Los primeros ejemplos de este nuevo tiempo son *parāverit* y *ōrnāverint: Cēnābimus cum prīmum cocus cēnam parāverit et servī triclīnium ōrnāverint* (l. 84-85). En el activo, el futuro perfecto está formado del tema del perfecto con las terminaciones siguientes: 1ª persona *~er|ō, ~eri|mus*, 2ª *~er|is, ~eri|tis* y 3ª *~eri|t, ~eri|nt*. El pasivo está compuesto del participio perfecto y del futuro de *esse* (*erō, eris, erit*, etc.), por ej. *Brevī cēna parāta et triclīnium ōrnātum erit* (l. 84-85; cf. l. 14). Este tiempo se encuentra corrientemente en las proposiciones condicionales introducidas por *sī*, en el caso en que una acción futura ha de ser acabada antes de que algo más tenga lugar, por ej. *Discipulus laudābitur, sī magistrō pāruerit et industrius fuerit*. Magister: *"Tē laudābō, sī mihi parueris et industrius fueris"* (l. 170–172). Se encontrarán varios ejemplos de este empleo en la sección GRAMMATICA LATINA.

fruī + abl.

Como *ūtī ūsum esse* (véase l. 38) el verbo deponente *fruī* ('deleitarse en', 'gozar de') es seguido del ablativo: *ōtiō fruor* (l. 23, cf. l. 35 y 59).

adj. *-āns -ēns*
adv. *-anter -enter*

Los adjetivos de la 3ª declinación en *-ns*, por ej. *prūdēns -ent|is, dīligēns -ent|is, cōnstāns -ant|is*, forman adverbios en *-nter* (contracción de *-ntiter*): *prūdenter, dīligenter, cōnstanter*. Ejemplos: *Discipulus dīligenter audit et prūdenter respondet. Mīlitēs cōnstanter pugnant* (cf. l. 33, 35, 82, y cap. 33, l. 120).

sitis -is f., ac. *-im*, abl. *-ī*
vās vās|is n., plur. *vās|a -ōrum*

El sustantivo *sitis, -is* f. es un puro tema en *-i:* acc. *-im* (*sitim patī*, l. 55), abl. *-ī* (*sitī perīre*, l. 57). – El sustantivo *vās vās/is* n. sigue la 3ª declinación en singular pero la 2ª declinación en plural: *vās|a -ōrum* (l. 98: *ex vāsīs aureīs*).

Se bebía rara vez vino puro (*merum*), se solía aguarlo. La expresión latina es *vīnum (cum) aquā miscēre* o *aquam vīnō* (dat.) *miscēre* (l. 115, 132). Cf. *cibum sale aspergere* o *salem cibō* (dat.) *aspergere* (l. 109–111).

Capítulo 31

Mientras el vino corre a mares la conversación entre los invitados se hace más libre. La sala resuena de discusiones, cuentos y de los últimos cotilleos. Oronte supera a los demás en locuacidad y para terminar levanta la copa exclamando: *"Vīvat fortissimus quisque! Vīvant omnēs fēminae amandae!"*
Nota que aquí las formas del subjuntivo presente *vīvat* y *vīvant* están empleadas para expresar un deseo. Del mismo modo *valeat* y *per-eat* en los dos versos que Oronte recita antes de rodar bajo la mesa (l. 196; *per-eat* es el subjuntivo presente de *per-īre*). Este empleo del subjuntivo se llama subjuntivo de deseo u optativo (latín *optātīvus*, de *optāre*). Cabe relacionarlo con el subjuntivo de exhortación, que hemos visto en 1ª persona del plural, pero que se emplea también en 3ª persona, como en la exhortación de Oronte: *"Quisquis fēminās amat, pōculum tollat et bibat mēcum!"* (l. 176-177).

El *vīvat* de Orontes va por *fortissimus quisque* ('todos los más valientes') y su *vīvant* va por *omnēs fēminae amandae*. Esta forma se llama adjetivo verbal (lat. *gerundīvum*) y se forma como el gerundio por el añadido de *-nd-* o *-end-* al tema del presente; pero el adjetivo verbal es un adjetivo de la 1ª/2ª declinación (*ama|nd|us -a -um*) y se emplea para expresar lo que ha de ser hecho a una persona o con una cosa. Así una mujer encantador puede ser descrita como *fēmina amanda*, un alumno trabajador como *discipulus laudandus* y un buen libro como *liber legendus*. Las más de las veces el adjetivo verbal se encuentra con una forma del verbo *esse*, como en los ejemplos siguientes: *Pater quī īnfantem suum exposuit ipse necandus est* (l. 132-133); *Ille servus nōn pūniendus, sed potius laudandus fuit* (l. 161-162); *Nunc merum bibendum est!* (l. 177). Se puede decir también sencillamente *bibendum est!* sin añadir lo que se ha de beber; de la misma manera encontramos la expresión *tacendum est* (l. 178), que establece, de un modo general, lo que hay que hacer. Con el adjetivo verbal, que es una forma pasiva, se emplea el dativo (no *ab* + abl.) para designar al agente, es decir a la persona por la que la acción ha de ser cumplida: *Quidquid dominus imperāvit servō faciendum est* (l. 159).

Hemos visto unos pronombres relativos sin antecedente, por ej. *quī spīrat vīvus est; quod Mārcus dīcit vērum nōn est*, allí donde se podía esperar *is quī..*, *id quod...* Se puede generalizar el sentido de la frase por el empleo del pronombre relativo indefinido *quis-quis* y *quid-quid* ('quienquiera que' y 'cualquier cosa que'), por ej. *Quisquis amat valeat!* (l. 196); *Dabō tibi quidquid optāveris* (l. 29).

El verbo defectivo *ōdisse* ('odiar') no tiene tema del presente, pero el perfecto tiene valor de presente: *ōdī* ('yo odio') es lo contrario de *amō*; los dos verbos se oponen en *Servī dominum clēmentem amant, sevērum ōdērunt* (l. 94). Cf. *nōvī*, perfecto de *nōscere* ('conocer', 'tomar conocimiento de'), que es lo contrario de *ignōrō* (*rem nōvī* = *rēs mihi nōta est*).

La preposición *cōram* ('en presencia de', 'ante') gobierna el ablativo: *cōram exercitū* (l. 122). Igualmente *super* cuando está empleado en lugar de *dē* en el sentido de 'acerca de', 'sobre': *super Chrīstiānīs* (l. 147, cf. l. 200).

El verbo *audēre* es deponente en perfecto: *ausum esse* (l. 169: *ausus est*), pero no lo es en presente. Al contrario, *revertī* es deponente en presente, pero no en perfecto: *revertisse*. Tales verbos se llaman semideponentes.

La inscripción puesta al fin del capítulo es un graffito que un muchacho enamorado grabó en una pared de Pompeya. Te será más fácil descifrar los caracteres cuando sepas que en la inscripción caben los dos versos citados por Oronte (sólo falta la primera sílaba).

---

subjuntivo optativo
(de deseo)

subjuntivo de
exhortación

adjetivo verbal
-(e)nd|us -a -um

adj. verbal + dativo

pron. rel. indefinido
quis-quis
quid-quid

ōd|isse ↔ *amāre*
ōd|ī ↔ *amō*
ōd|eram ↔ *amābam*
ōd|erō ↔ *amābō*

cōram prep. + abl.
super prep. + abl. = *dē*

verbos semideponentes
audēre ausum esse
revertī revertisse

Capítulo 32

El miedo a los piratas desencadena una larga discusión dentro del barco. Medus cuenta en qué circunstancias fue encarcelado y vendido como esclavo. Este relato tranquiliza a Lydia de tal modo que, apartado el peligro, ambos mantienen de nuevo las mejores relaciones.

subjuntivo <u>perfecto</u>
activo
sing.	plur.
1. ~eri|m	~eri|mus
2. ~eri|s	~eri|tis
3. ~eri|t	~eri|nt

pasivo
1. ≈us ≈a	sim
2.	sīs
3. ...≈um	sit
1. ≈ī ≈ae	sīmus
2.	sītis
3. ...≈a	sint

nē ~eris! = nōlī -re!
nē ~eritis! = nōlīte -re!

utinam (nē) + subj.
optativo

timēre nē + subj.

oblīvīscī, reminīscī,
meminisse + gen.

ali-quis, -quid, -quot,
-quandō, -quantum

sī/num/nē quis/quid...

fit/accidit ut + subj.

ablātīvus <u>quālitātis</u>

vīs, ac. vim, abl. vī
plur. vīrēs -ium

III mīlia sēstert<u>ium</u>
(= -ōrum)

Durante la discusión el mercader cita dos versos sin dar el nombre del poeta. El timonel no hace la pregunta directa *"Quī poēta ista scrīpsit?"* con el verbo en indicativo, sino que emplea una interrogación indirecta en subjuntivo: *"Nesciō quī poēta ista scrīp<u>serit</u>?"* (l. 106). *Scrīps|erit* es el <u>subjuntivo perfecto</u> (lat. *coniūnctīvus perfectī*) de *scrībere*. Este tiempo se forma en activo por la inserción de *-eri-* entre el tema del perfecto y las terminaciones personales: 1ª persona ~eri|m, ~eri|mus, 2ª ~eri|s, ~eri|tis, 3ª ~eri|t, ~eri|nt – es decir las mismas terminaciones que en futuro perfecto excepto para la 1ª persona del singular ~erim (fut. perf.: ~erō). En pasivo el subjuntivo perfecto está compuesto del participio perfecto y del subjuntivo presente de *esse* (*sim, sīs, sit*, etc): *Iūlius dubitat num Mārcus ā magistrō laudā<u>tus sit</u>*.

El subjuntivo perfecto se emplea en las interrogaciones indirectas que se refieren a acciones acabadas, cuando el verbo principal está en presente, como en los ejemplos susodichos (cf. l. 84, 132, 134, 155, 169, 216) o en perfecto (l. 82, esp. 'pretérito perfecto') o en futuro (l. 137-139). Con *nē* la 2ª persona de este tiempo expresa una prohibición: *nē* tim<u>ueris</u>! = *nōlī timēre*! *nē* tim<u>ueritis</u>! = *nōlīte timēre*! (l. 215, 199; cf. l. 162, 182, 211).

La negación *nē* se usa también con un subjuntivo optativo, por ej. *Utinam <u>nē</u> pīrātae mē occīd<u>ant</u>!"* Utinam introduce a menudo deseos, por ej. *Utinam aliquandō līber patriam vide<u>am</u>*! (l. 157, cf. l. 182-183, 223). La expresión del temor a que algo ocurra implica el deseo que esto no ocurra; por eso los verbos que expresan el temor, *timēre, metuere, verērī*, pueden ser seguidos de *nē* + subjuntivo, por ej. *Timeō <u>nē</u> pīrātae mē occīd<u>ant</u>* (cf. l. 212-213).

Como *oblīvīscī*, su contrario *reminīscī* puede tener un objeto en genitivo, por ej. <u>eius temporis</u> *reminīscor* (l. 156); igualmente *meminisse* (l. 126), verbo defectivo que, como *ōdisse*, no tiene tema del presente: el perfecto *meminī* ('me acuerdo de') es lo contrario de *oblītus sum* ('he olvidado').

Con el prefixo *ali-* las palabras interrogativas se vuelven indefinidas. De *quot?* se forma *ali-quot*, de *quandō? ali-quandō*, de *quantum? ali-quantum* y de *quid? quid? ali-quis ali-quid*. Sin embargo, *quis quid* se emplea (sin *ali-*) como pronombre indefinido después de *sī* y *num* (véase cap. 22) y después de *nē*: *Nihil cuiquam nārrāvī dē eā rē, <u>nē quis</u> mē glōriōsum exīstimāret* (l. 135).

Las expresiones impersonales *fit* y *accidit* pueden ser seguidas de una proposición en subjuntivo introducida por *ut*, expresando lo que ocurre (proposición sujeto): *rārō <u>fit ut</u> nāvis praedōnum in marī Internō appār<u>eat</u>* (l. 42-43).

El ablativo en *tantā audāciā sunt* (l. 49) describe una cualidad y es llamado <u>ablativo de descripción</u> (lat. *ablātīvus quālitātis*); cf. *bonō animō esse* (cap. 29, l. 123). – Con *līberāre* ves un ablativo de separación: *servitūt<u>e</u> līberābantur* (l. 6); igual para *opus est: Quid opus est arm<u>īs</u>* (l. 78, cf. l. 118, 195).

El sustantivo *vīs* ('potencia', 'fuerza') sólo tiene tres formas en singular: nom. *vīs*, acc. *vim* (l. 13) y abl. *vī* (l. 77). El plural *vīrēs* expresa las fuerzas físicas: *nautae omnibus vīribus rēmigant* (l. 53, cf. l. 66).

Después de *mīlia* se emplea el genitivo partitivo, por ej. *tria mīlia homin<u>um</u>*. Ahí *sēstertius* y *nummus* tienen la antigua terminación breve *-um* en gen. plur. (en vez de *-ōrum*): *decem mīlia sēstert<u>ium</u> (numm<u>um</u>)* (l. 91, cf. l. 170).

44

Capítulo 33

El capítulo consiste esencialmente en una carta dirigida a Aemilia por su hermano Aemilius, que está armado en Germania. Gracias a esta carta te enteras de cierta cantidad de términos militares.

Aprendes también el último tiempo latín, el subjuntivo pluscuamperfecto (lat. *coniūnctīvus plūsquamperfectī*). Se forma en activo por la inserción de *-issē-* (abreviado *-isse-*) entre el tema del perfecto y las terminaciones personales: 1ª persona ~*isse*|*m*, ~*issē*|*mus*, 2ª ~*issē*|*s*, ~*issē*|*tis*, 3ª ~*isse*|*t*, ~*isse*|*nt*. El pasivo está compuesto del participio perfecto y del subjuntivo imperfecto de *esse* (*essem, essēs, esset*, etc.). El subjuntivo pluscuamperfecto aparece en proposiciones introducidas por *cum* (*cum* + subj. pluscuamperf. = *postquam* + ind. perf.) y en interrogaciones indirectas que se refieren a una acción acabada en el pasado, es decir con el verbo principal en pretérito (imperfecto, perfecto o pluscuamperfecto). Ejemplos (pág. 277): *Quī cum arma cēpissent et vāllum ascendissent (= postquam... cēpērunt/ascendērunt), prīmō mīrābantur quamobrem mediā nocte ē somnō excitātī essent... Ego quoque dubitāre coeperam num nūntius vērum dīxisset... Cum complūrēs hōrās ita fortissimē ā nostrīs... pugnātum esset...* – Nota que un verbo intransitivo como *pugnāre* empleado en pasivo se vuelve impersonal, por ej. *ā Rōmānīs fortissimē pugnātum est = Rōmānī fortissimē pugnāvērunt*.

El amor al ejército de Aemilius se ha resfriado mientras se hallaba en el frente. Escribe que desearía estar en Roma: *Utinam ego Rōmae essem!* (l. 67) usando el subjuntivo optativo; pero en tal deseo irreal, que no puede cumplirse, el verbo no está en presente sino en imperfecto del subjuntivo; cf. *Utinam hic amnis Tiberis esset et haec castra essent Rōma!* (l. 70-71). Las frases siguientes expresan una condición que no puede realizarse nunca: *Sī Mercurius essem ālās habērem, in Italiam volārem!* (l. 73-75). Ahí también encontramos el subjuntivo imperfecto para expresar lo irreal; cf. l. 82-85 y 93-95. Si tales deseos o condiciones irreales se refieren al pasado, se emplea el pluscuamperfecto del subjuntivo; esto se destaca de las palabras de Aemilius: *Utinam patrem audīvissem...!* (l. 166) y *Sī iam tum hoc intellēxissem, certē patrem audīvissem nec ad bellum profectus essem* (l. 181-182). Otros ejemplos l. 163-164 y en la sección GRAMMATICA LATINA.

En las frases *nūllum mihi ōtium est ad scrībendum* y *neglegēns sum in scrībendō* ves el gerundio en acusativo después de *ad* y en ablativo después de *in*. Puesto que se trata de la redacción de cartas, es natural añadir la palabra *epistula*. La frase se lee entonces: *nūllum mihi ōtium est ad epistulās scrībendās* y *neglegēns sum in epistulīs scrībendīs*. Como lo ves, *ad* e *in* causan el paso de las dos palabras siguientes al acusativo y al ablativo, de tal modo que la forma verbal se acuerda con *epistulās* y *epistulīs*. Del mismo modo *cupidus*, en la expresión *cupidus patriae videndae* provoca el paso de las dos palabras siguientes al genitivo, y *videndae* se acuerda con *patriae*. En este caso, cuando la expresión no está precedida por una preposición, se puede decir también *cupidus patriam videndī*, de modo que *cupidus* sólo tiene influencia en el genitivo *videndī*, gerundio de que el acusativo *patriam* es objeto. En las formas *scrībendās, scrībendīs* y *videndae* tenemos una aplicación particular del adjetivo verbal (llamada 'atracción del adjetivo verbal'). Ejemplos: *in epistulīs scrībendīs* (l. 94), *ad epistulam scrībendam* (l. 97-98), *ad castra dēfendenda* (l. 116), *ad eōs persequendōs* (l. 132, = *ut eōs persequerentur*).

Nuevos numerales distributivos: 10 *dēnī*, 4 *quaternī*, 5 *quīnī*, 6 *sēnī* (l. 2-3). Los distributivos se emplean con pluralia tantum: *bīna* (2) *castra, bīnae litterae* (= *duae epistulae*); pero entonces 1 se dice *ūnī -ae -a* y 3 *trīnī -ae -a*: *ūnae*

---

subjuntivo pluscuamperfecto
activo
sing. plur.
1. ~*isse*|*m* ~*issē*|*mus*
2. ~*issē*|*s* ~*issē*|*tis*
3. ~*isse*|*t* ~*isse*|*nt*
pasivo
1. ≈*us* ≈*a* | essem
2. | essēs
3. ...≈*um* | esset
1. ≈ī ≈*ae* | essēmus
2. | essētis
3. ...≈*a* | essent
cum + subj. pluscuamperf. = *postquam* + ind. perf.

subj. imperf. y pluscuamperf. in deseos y condiciones irreales

ad scrībendum
ad epistulās scrībendās
in scrībendō
in epistulīs scrībendīs
ars scrībendī
ars epistulārum scrībendārum (= *ars epistulās scrībendī*)

numerales distributivos + pluralia tantum:
1 *ūn*|*ī -ae -a*
3 *trīn*|*ī -ae -a*

imperativo futuro
    sing. plur.
1. 2. 4. -tō   -tōte
3.   -itō   -itōte

litterae (= *ūna epistula*), *trīnae litterae* (= *trēs epistulae*); véase l. 91. – Nota el ablativo (de punto de vista) *numerō* en *hostēs numerō superiōrēs* (l. 144).

Aemilius termina su carta por algunas peticiones (l. 187-189). Ahí usa el imperativo futuro (lat. *imperātīvus futūrī*), que tiene las terminaciones -*tō* en singular y -*tōte* en plural añadidas al tema del presente, por ej. *nārrā|tō* -*tōte*; en los temas consonánticos una -*i*- breve está inserta antes de la terminación, por ej. *scrīb|itō* -*itōte* (pero *es|tō es|tōte* de *esse* y *fer|tō fer|tōte* de *ferre*).

Capítulo 34

Ahora has adelantado bastante para empezar a leer la poesía latina. En este capítulo encuentras unos poemas de Catulo (*Catullus*, unos 86–54 a. de J.-C.), Ovidio (*Ovidius*, 43 a. de J.-C.–17 d. de J.-C.), y Marcial (*Mārtiālis*, apr. 40–100 d. de J.-C.). Durante la fiesta Cornelius empieza citando un verso del *Ars amātōria* de Ovidio, lo que lleva Julius y Cornelius a citar unos fragmentos de un libro de poemas de amor, *Amōrēs*, del mismo poeta. Julius sigue recitando unos cortos poemas de Catulo, y Cornelius declama una selección de *epigramas* espirituales y satíricos de Marcial.

En una primera lectura de estos poemas no habrás de ocuparte de la forma de los versos sino concentrarte en su contenido. El principal obstáculo a la comprensión es la libertad que reina en el orden de las palabras y que lleva muchas veces a romper grupos de palabras. Allí será donde las terminaciones gramaticales te mostrarán qué palabras van juntas; en ciertos casos encontrarás en el margen notas para ayudarte, por ej. *ut ipsae spectentur* (l. 57), *nōbilium equōrum* (l. 62), *amor quem facis* (l. 65), *meae puellae dīxī* (l. 71); además, cierta cantidad de palabras suplementarias (sobreentendidas) están dadas en bastardilla. Sin embargo, lo principal es representarse la situación y entrar en el pensamiento del poeta. Los comentarios de los poemas hechos por los comensales te ayudarán.

Cuando hayas entendido el sentido y el contenido de los poemas, será tiempo para ti de estudiar la estructura de los versos, llamada métrica. Está explicada en la sección GRAMMATICA LATINA. Lo que sigue es un resumen de las reglas.

cantidad de sílabas:
una sílaba breve se termina por una vocal breve
una sílaba larga se termina por
(1) una vocal larga
(2) un diptongo
(3) una consonante
: cualquier sílaba que no se termina por una vocal breve es larga
signos:
sílaba larga: —
sílaba breve: ∪

elisión

El punto capital en la estructura de un verso latino es la duración o cantidad de las sílabas. Las sílabas terminadas por una vocal breve (*a, e, i, o, u, y*) son breves y han de pronunciarse dos veces más rápido que las sílabas largas, es decir las sílabas terminadas por una vocal larga (*ā, ē, ī, ō, ū, ȳ*), un diptongo (*ae, oe, au, eu, ui*) o una consonante. En otros términos: Una sílaba es breve si se termina por una vocal breve; todas las demás sílabas son largas. Una sílaba larga está marcada [—] y una sílaba breve [∪].

Para la división en sílabas cada verso (lat. *versus*, 'línea') es tratado como una única palabra larga:
(1) Una consonante al fin de una palabra está vinculada a la vocal (o *h*-) que empieza la palabra siguiente. Por consiguiente, en una palabra como *satis*, la última sílaba es breve si la palabra siguiente empieza por una vocal o una -*h*, por ej. en la combinación *satis est*, en que -*s* está vinculada a la *e* de *est*: *sa-ti-s⌢est* – mientras la sílaba *tis* es larga en *satis nōn est: sa-tis-nō-n⌢est*.
(2) Una vocal (y -*am*, -*em*, -*im*, -*um*) al fin de una palabra cae delante de la vocal (o de la -*h*) que empieza la palabra siguiente, por ej. *atque oculōs*: *atqu'oculōs*; *modo hūc*: *mod'hūc*; *passerem abstulistis*: *passer'abstulistis* (en *est* y *es* la *e* cae, por ej. *sōla est: sōl'est*; *vērum est: vērum'st*; *bella es: bella's*). Se dice que la vocal está elidida (lat. *ē-līdere*, 'rechazar', 'eliminar').

Cada verso puede dividirse en cierta cantidad de pies (lat. *pedēs*) compuestos de dos o tres sílabas. Los pies más comunes son: el troqueo (latín *trochaeus*), constituido de una sílaba larga y una breve [—⏑]; el yambo (lat. *iambus*), una breve y una larga [⏑—]; y el dáctilo (lat. *dactylus*), una sílaba larga y dos breves [—⏑⏑]. Las dos sílabas breves del dáctilo están a menudo sustituidas por una sílaba larga, lo que produce un pie constituido por dos sílabas largas [——] llamado espondeo (lat. *spondēus*).

pies metricos:
troqueo — ⏑
yambo ⏑ —
dáctilo — ⏑⏑
espondeo ——

El verso preferido de los latinos es el hexámetro, que está constituido de seis pies, entre los cuales los cinco primeros son dáctilos o espondeos – el quinto, sin embargo, siempre es un dáctilo – y el sexto un espondeo (o troqueo):

— ⏑⏑| — ⏑⏑| — ⏑⏑| — ⏑⏑| — ⏑⏑| — —
⏑

hexámetro

El hexámetro alterna a menudo con el pentámetro, que puede dividirse en dos mitades de 2½ pies, conformándose cada una al comienzo del hexámetro (pero no hay espondeos en la segunda mitad):

— ⏑⏑| — ⏑⏑| — || — ⏑⏑| — ⏑⏑| —

pentámetro

El pentámetro nunca existe solo sino que viene siempre después de un hexámetro (en el texto los pentámetros están hacia delante). Tal pareja de versos, constituida por un hexámetro y un pentámetro, se llama dístico elegíaco, porque se emplea en las elegías, es decir en poesías que expresan sentimientos personales, principalmente poesías amorosas.

hexámetro + pentámetro
= distico elegiaco

Catulo suele usar el endecasílabo (lat. *versus hendecasyllabus*, 'verso de once sílabas') constituido de estas once sílabas:

— — — ⏑⏑ — ⏑ — ⏑ — ⏑

endecasílabo

Puede dividirse en un espondeo, un dáctilo, dos troqueos y un espondeo (o troqueo). (Ocasionalmente la primera sílaba es breve.)

Cuando un verso latino se dice en voz alta, el ritmo está marcado por la alternancia de las sílabas largas y breves. Dos sílabas breves equivalen en duración una larga. En el verso europeo moderno el ritmo está marcado por el acento. Es porque los lectores modernos de versos latinos están capacitados para poner cierto acento en la primera sílaba de cada pie. Eso puede ayudarte a darte cuenta del ritmo del verso, pero no te olvides de que el acento tiene una importancia secundaria en el verso latino, siendo lo esencial la cantidad de las sílabas.

Los poetas romanos usaban a veces el plural ('plural poético') en lugar del singular, especialmente las formas en *-a* de los neutros en *-um*, cuando necesitan sílabas breves, por ej. *meā collā* (l. 75, para *meum collum*) y *post fātā* (l. 180, para *post fātum*). Como otros autores, un poeta romano puede también usar la 1ª persona del plural (*nōs, nōbīs, noster*) hablando de sí mismo. Lo ves cuando Catulo llama a su amigo *venuste noster* y que Marcial en su epigrama sobre la reacción del público a sus libros los llama *libellōs nostrōs* y concluye así: *nunc nōbīs carmina nostra placent* (l. 163, 166).

plural poético

Marcial, que escribe él mismo poemas *in inimīcōs*, dice del poeta Cinna: *Versiculōs in mē nārrātur scrībere Cinna*. Aquí, *in* + acusativo tiene un sentido 'hostil' (= *contrā*, cf. *impetum facere in hostēs*). El pasivo *nārrātur*, como *dīcitur* (cap. 13, l. 52), está combinado con el nom. + ac.: *Cinna... scrībere nārrātur/dīcitur* ('cuentan/dicen que C. escribe...').

in + ac. = *contrā*

nom.+ inf. + *nārrātur*

Además de *imperāre* y *parēre* has encontrado muchos verbos más que rigen el dativo: *crēdere, nocēre, oboedīre, impendēre, servīre, (per)suādēre, invidēre, parcere, appropinquāre, placēre, (cōn)fīdere, ignōscere, resistere, minārī, studēre*, y varios compuestos de *esse: prōd-esse, prae-esse, de-esse* ('faltar') y *ad-esse* ('presenciar', 'asistir'). En este capítulo encuentras *favēre*,

verbos + dativo

47

ī < iī/īī
mī < mihi
nīl < nihil

nūbere y plaudere (l. 40, 126, 217), además del verbo impersonal libet (l. 35), que – como licet – suele combinarse con un dativo: mihi libet (l. 35, 'me gusta', 'quiero'; cf. mihi licet, 'me está permitido', 'puedo').

Una doble i (ii, iī) tiende a contraerse en una sola ī larga, como lo has visto en la forma dī para diī. Cuando la h desaparece en mihi y nihil obtienes las formas contractas mī y nīl (por ej. l. 118 y 174). Encuentras también sapīstī para sapiistī (l. 190), siendo esta última forma una contracción de sapīvistī: la v final del tema del perfecto tiende a desaparecer, de modo que īvisse se vuelve -iisse/-īsse, -āvisse -āsse (-āvistī āstī: cap. 28, l. 106), nōvisse nōsse y nōverat nōrat. Esta forma, el pluscuamperfecto de nōscere, acaba por significar 'conocía', por ej. Ovidius... ingenium mulierum tam bene nōverat quam ipsae mulierēs (l. 54-55); suamque nōrat ipsam (: dominam) tam bene quam puella mātrem (l. 93-94).

Capítulo 35

Ahora que te has abierto camino en medio de todas las declinaciones y conjugaciones de la lengua latina, es hora de descansar un rato y de echar una mirada global sobre el sistema gramatical. Para darte ocasión de eso, te presentamos, en un forma un poco reducida, una gramática latina, Ars grammatica minor, escrita por el gramático romano Donato (Dōnātus) hacia 350 d. de J.-C.. Esta gramática está fundada sobre los trabajos de los gramáticos anteriores, y organizada en forma de preguntas-respuestas; pues nos da una idea de los métodos de enseñanza usados en la antigüedad – y más adelante, pues el 'Donato' fue un libro de escuela que gozó de la estima en Europa durante la Edad Media. Ahora, te toca a ti mostrar que has aprendido bastante para contestar las preguntas gramaticales hechas a los escolares del Imperio romano. Salvo las omisiones, notadas [...], el texto de Donato no ha sido cambiado (sólo en los ejemplos de la página 303 se han sustituido algunas palabras raras por otras palabras).

nōmina: sustantivos y adjetivos

genus commūne

Los términos gramaticales latinos siguen estilándose. Sin embargo, la parte del discurso (pars ōrātiōnis) que los gramáticos romanos llamaban nōmina está ahora dividida en sustantivos y adjetivos. El término nōmen adiectīvum data de la antigüedad, pero ya antes de los tiempos medievales estaba creado el término nōmen substantīvum. De hecho, varios de los términos de la gramática latina son adjetivos que generalmente se usan solos con un sustantivo sobreentendido, por ej. (cāsus) nōminātīvus, (numerus) plūrālis, (modus) imperātīvus, (gradus) comparātīvus, (genus) fēminīnum. Donato cuenta cuatro géneros (genera), porque emplea el término genus commune para los sustantivos que pueden ser tanto masculinos como femeninos, por ej. sacerdōs - ōtis, 'sacerdote/sacerdotisa' (otros ejemplos: cīvis, comes, incola, īnfāns, testis, bōs, canis).

El hexámetro citado por Donato (l. 212) para ilustrar el empleo de super con el ablativo está sacado del fin del primer libro de la Eneida, el famoso poema en el que Virgilio (Vergilius) cuenta las aventuras del héroe troyano Eneas (Aenēās) cuando su huida de Troya. Llevado por una tempestad a África es recibido por la reina Dido, quien le pregunta sobre el destino de los otros troyanos, el rey Príamo y su hijo Héctor.

ÍNDICE
(Los números se refieren a las páginas)

A
ab/ā 15, 16; *abs* 39
ablativo: prep.+ abl. 9, 10, 15, 39, 43; abl. abs. 27, 35; comparación 36; descripción 44; diferencia 27; instrumental 16,18, 39; locativo 16, 27, 37; *modī* 20; *pretiī* 18; punto de vista 21, 37, 46; separación 16, 27, 32, 39, 44; *temporis* 24; *ūtī, fruī* + abl. 39, 42
acento 5
activo/pasivo 16
acusativo 13, 15; prep.+ ac. 16, 17; duración 24; exclamación 26, 41; extensión 23; ac. + inf. 21, 26, 33, 35, 37, 40; ac. doble 28
adjetivo 10, 48; 1ª/2ª decl. 10, 22; 3ª decl. 22, 38; *-er* 22, 29, 38; adj. verbal 43, 45
adverbio: *-ē -iter* 29; *-ō* 36; *-nter* 42; comparación 29; adv. numeral (x) 29
age agite 15
agente 16, 48
ali- 44; *aliquis -quid* 33
alter, neuter, uterque 25
asimilación 19, 20, 29, 34
atque/ac 21
aut/vel 24

C
calendario 23, 24
cardinales 24, 28
caso 19
causā, -ndī c. 38
causal 13, 20, 41
comparativo 22; adv. 29
comparación 24, irregular 30
compuestos 17, 19, 41
condicional, proposición 22, irreal 45
conjugaciones 14
conjunción 11, 13, 19, 20
consonantes 5
consonántico, tema 14, 19, 21, 23
contracción 47
cum (conjunción) + ind. 20, 29, 41; + subj. 41, 45
cum prep. 15; *mē-cum...* 25
cūr... quia 13

D
dare (a breve) 28
dativo 17,18; agente 43; interés 20,25; posesión 22; verbos + dat. 22, 33,40,47
declinación: 1ª-2ª 10,19; 3ª 19, 20, 21; 4ª 22, 33; 5ª 23
defectivo, verbo 25, 43, 44
deliberativo, subjuntivo 41
demostrativo, pron.: *is* 13, 15, 18; *hic ille* 18; *ipse* 19; *īdem* 29; *iste* 35
deponente, verbo: pres. 27; perf. 36, 37; imp. 37

diptongos 4
discurso (in)directo 21
distributivo, numeral 42, 45
domus 31; *-um -ō -ī* 31, 32
dum 19
duo -ae -o 11, 25, 28

E
ecce 12
elisión 46
enumeración 12
esse est sunt 9, ind. 24, 26, 31, 33; subj. 39, 40; imp. 17, 38
ēsse ēst edunt 19, 20
et... et 17
ex/ē 17

F
fecha 24
femenino 11
ferre 23, 48
fierī 27, 29; *fit ut...* 44
final, proposición 40, 41
fracciones 24
futuro 31; part., inf. 35
futuro perfecto 42

G
género 11, 19, 48
genitivo 11; descripción 30; objetivo 37; partitivo 12, 22, 27, 30, 41, 43; estimación 41; *plēnus* + gen. 17; verbo+ gen. *accūsāre* 41, *oblīvīscī* 37, *reminīscī, meminisse* 44, *pudet* 35
gerundio 38, 45

H
hic haec hoc 17, 18

I
īdem eadem idem 29
ille -a -ud 18
immō 17
imperativo 14, 15, 17, 23; dep. 37; fut. 38, 46
imperfecto 30, 32; subj. 40
imperfecto/perfecto 32
impersonal, verbo 20, 26, 35, 44, 45, 47
in + abl. 10,15,+ac. 17, 47
indeclinable 11, 23, 28
indefinido, pron. 33, 34, 38, 44; relativo indefinido 43
indicativo 14; ind./subj. 39
infinitivo: pres. 20, 33; perf. 33; fut. 35
interrogativo, pron.11,13,18
intransitivo, verbo 13; pas. (impersonal) 45
ipse -a -um 19
īre eō eunt 27, 31, 36, 38, 43
is ea id 13, 15, 18

L
licet 26, 47
locativo: *-ae -ī* 16; *-īs* 37; *domī* 31, 32; *humī* 33; *rūrī* 39; *eō locō* 27
locus, plur. *locī/-a* 39

M
masculino 11, 27

meminisse (+ gen.) 44
mīlle 10; *mīlia* + gen. pl. 23
monedas 28
multō + comp./*ante/post* 27

N
nombres 22
-ne...? 9
nē + subj. 39, 41, 44
nē... quidem 39
negación 9, 13, 39, 41, 44
nēmō 20
neque/nec 13, 21; *n. ...n.*17; *n. ūllus/quisquam...* 30, 38
neuter 25
neutro: 2ª decl. 11; 3ª decl. 20, 21; 4ª decl. 33; n. plur. *multa, omnia...* 33
nōlī -īte 32, 44; *nōlle* 32
nominativo 13; nom.+ inf. 24,47
nōnne/num 17
nōvisse 36, 43, 48
nūllus -a -um -īus 30
num 10; *num/nōnne* 17
numerales 10, 11, 24, 28, 42; adverbios (x) 29

O
objeto 13; (in)directo 18
ōdisse 43
omnis -e, omnēs -ia 25
optativo, subj. 43, 44, irreal 45
opus esse + abl. 44
ordinales 24, 28

P
participio: pres. 25, 33; perf. 33, dep. 37; fut. 35
pasivo/activo 16
pasado, pretérito, 24, 30
paulō + comp./*ante/post* 27
perfecto 32, 33; subj. 44
perfecto/imperfecto 32
persona 26; terminaciones personales: act. 26, perf. 32; pas. 28
personal, pron. 13, 25, 26, 32
pluscuamperfecto 36; subj. 45
plural 10, 15; poético 47
plurale tantum 22, 45
positivo 24
posse 20, 21, 26
posesivo, adj. 14, 21, 26
prefijo 17, 41
pregunta 9, 10, 11, 17; deliberativa 41; indirecta 41, 44, 45
preposición 15, 16, 19, 21, 39, 43
presente 24, 26, 30; subj. 39
pretérito, pasado, 24, 30
pronombre 13; demostrativo 18,19, 29, 35; indefinido 33, 34, 38,44; interrogativo 11, 13, 18; personal 25,26, 32; reflexivo 17, 26, 36; relativo 13, 16, 18
pudet + ac. (gen./inf.) 35

Q
quam, quantus 18
quam + sup. (*potest*) 39
-que 11, 12
quia 13
quis/quī quae quid/quod 18
quis quid pron. indefinido después de *sī, num, nē* 34, 44
quis-quam quid-quam 38
quis-que quae- quod- 29
quis-quis quid-quid 43
quod (= *quia*) 20
quot 11

R
reduplicación 34, 36
reflexivo, pron. 17, 26, 36, 40
relativo, pron. 13, 16, 18, 37
rēs reī 23

S
sē 17, 26, 40
semi-deponente, verbo 43
sílaba, larga/breve 46; división en sílabas 6
singular 10, 25
sōlus -a -um -īus 30
sujeto 13
subjuntivo 39; pres.39; imperf. 40; perf. 44; pluscuamperf. 45; + *ut/nē...* 39, 40, 41; deliberativo 41; exhortación 42, 43; interrogación indirecta 41, 44, 45; optativo 43, 44, 45; irreal 45
sustantivo 10, 48
superlativo 24; *-(err)imus* 29; adv. 29; absoluto. 30
supino 34
suus/eius 14, 40

T
tam, tantus 18
tema: verbal 14, 18, 23, 26, 34; nominal 19, 21, 23, 27
tiempo verbal 24, 30, 31, 32
tiempo: abl./acc. 24
timēre nē + subj. 44
tōtus -a -um -īus 30
transitivo, verbo 13
trēs tria 11, 28

U
-um gen. plur.= *-ōrum* 44
ūllus -a -um -īus 30
ūnus -a -um -īus 11, 28, 30
uter, uterque 25
ut/nē + subj. 39, 40, 41
ūtī + abl. 39, 42

V
vel/aut 24
velle 20, 24, 32
verbo 12; partes principales 34; irregular 27, 34, 36
vidērī (+ *dat*) 38
vīs vim vī 44
vocativo: *-e* 14, *-ī* 31
vocales 4